Gerhard Oswald

Systemansatz und soziale Familienarbeit

LAM
BER
TUS

Gerhard Oswald

Systemansatz und soziale Familienarbeit

Methodische Grundlagen und Arbeitsformen

Lambertus

Umschlaggestaltung: Christa Berger, Solingen
Umschlagfoto: Christoph Maas, Solingen
Herstellung: Druckerei Heinz Rebholz, Freiburg i. Br.
ISBN 3-7841-0365-0

Inhalt

Teil 1: Methodische Grundlagen sozialer Familienarbeit

„Frau Z. (28 Jahre) ruft am Abend gegen 19.00 Uhr über das Krisentelefon beim Kinderschutzverein an; sie sagt der Psychologin: ‚Sie können mir auch nicht helfen, mir hilft ja sowieso niemand ... ich bin fix und fertig, ich hab' s grad noch geschafft, die Kinder ins Bett zu bringen ... die Kinder machen mich fertig, sie ärgern mich nur noch, die machen das extra, die wollen mich kaputtmachen ...' Frau Z. spricht hektisch mit gepreßter Stimme ... ‚Der 8jährige Sohn hat große Schwierigkeiten in der Schule, zappelt nur rum, kann sich nicht konzentrieren ... und heute ist er wieder nicht in die Schule gegangen (zum dritten Mal) ... Die Lehrerin hat sie angerufen – ‚was los sei?' – ... Der 8jährige Michael ist erst um 17.00 Uhr nach Hause gekommen und hat nicht gesagt, wo er sich den ganzen Tag ‚rumgetrieben' habe ... da hat sie die Nerven verloren und ihn geschlagen ... und ihn dann in' s Zimmer gesperrt ... Ihrem neuen Bekannten wird das mit den Kindern auch zuviel. Frau Z. hat Angst, auch ihn zu verlieren ... Frau Z. erzählt, daß ihr Mann sie vor einem halben Jahr verlassen hat ... Sie weiß nicht warum ... er hat eine Freundin. Auch mit den Kindern geht alles schief ... der 5jährige Andreas tut sich schwer mit dem Sprechen, stottert immer häufiger, schmeißt sich manchmal in die Ecke und hat richtige Wutanfälle und ist dann überhaupt nicht mehr ansprechbar ... das macht sie dann furchtbar wütend ... Nur das 3jährige Mädchen Susanne ist lieb zu ihr, aber macht ihr auch viel Arbeit, denn Susanne macht noch oft in 's Bett und näßt auch tagsüber noch ein ... Wenn Susanne dann die Mutter einfach auslacht, dann fühlt sich Frau Z. so gereizt, daß sie auch schon öfter zugeschlagen hat, manchmal schafft sie es auch, schnell in ein anderes Zimmer zu gehen, um nicht die Nerven zu verlieren ... Frau Z. fühlt sich auch völlig überfordert mit all den Problemen, die jetzt durch die Trennung von ihrem Mann auf sie zukommen ... Wie geht es mit der Wohnung weiter – kann sie die Miete aufbringen? Wird ihr Mann ihr und den Kindern regelmäßig das Geld überweisen? Sie muß sich mit Rechtsanwälten und Behörden auseinandersetzen ..." (Jahresbericht des deutschen Kinderschutzbundes München 1983, 31/32)

In diesem Gespräch werden wir mit einer familiären Krisensituation konfrontiert. In einem Moment körperlicher Erschöpfung ist Frau Z. in Gefahr, die seelische Balance zu verlieren.

Die von ihr angesprochenen Schwierigkeiten rufen eine Reihe von Hilfemöglichkeiten auf: Erziehungsberatung, eventuell speziell mit Familientherapie, wegen der Verhaltensstörungen der Kinder, vorübergehender Einsatz eines Familienhelfers zur Entlastung von Frau Z., stützende Gespräche, Paargespräche mit dem Freund und mit dem getrennt lebenden Ehemann, Beratung in den rechtlichen Angelegenheiten. Wirksame Hilfe leistet, nicht nur in diesem Fall, eine Kombination verschiedener Arbeitsformen.

Ein allgemeines Systembild sozialer Gemeinschaften bietet einen Überblick über die Faktoren, die familiäre Problemsituationen hervorrufen und fixieren. Anhand des Systembildes können wir Ansatz und Wirkungsbereich sozialer Familienarbeit markieren. Eine systemische Landkarte sozialer Beziehungen wird jedem praktische Dienste leisten, der einschätzen und berurteilen will, wie effektiv Handlungskonzepte sind, und wie sie aufeinander abgestimmt werden sollten.

I Soziale Systeme als Rollengefüge

Das systemische Modell sozialer Realität wird durch eine allgemeine Systemdefinition grundgelegt. Sie stammt von dem österreichischen Biologen Ludwig von Bertalanffy, dem Begründer der allgemeinen Systemtheorie, und lautet sinngemäß folgendermaßen (vgl. Seiffert 1985, 125): Systeme sind geordnete Gebilde jeder Art, seien dies nun Atome, biologische Zellen, Maschinen, Erscheinungen des Seelenlebens, soziale Gruppen oder Sternensysteme. Es handelt sich um eine Menge von Elementen im mathematischen Sinne – das heißt um definierte Teile, zwischen denen Wechselbeziehungen bestehen. Diese Wechselbeziehungen bilden eine bestimmte Ordnung aus und verbinden die Elemente zu einer höheren Einheit, dem System.
Der Rohentwurf sozialer Systeme sieht demnach so aus, wie in Abbildung 1 dargestellt. Die Teile des Systems werden durch einzelne Menschen gebildet – symbolisiert durch Kreise. Zwischen ihnen bestehen Wechselbeziehungen (Halbpfeile), die sie zu einem höheren Ganzen, dem System verbinden (umfassender Kreis). Der Einzelne ist nur insoweit Teil des Systems, als er von den Wechselbeziehungen erfaßt wird. Die Persönlichkeit der Menschen geht nicht vollständig in einer Gemeinschaft auf.

Abbildung 1

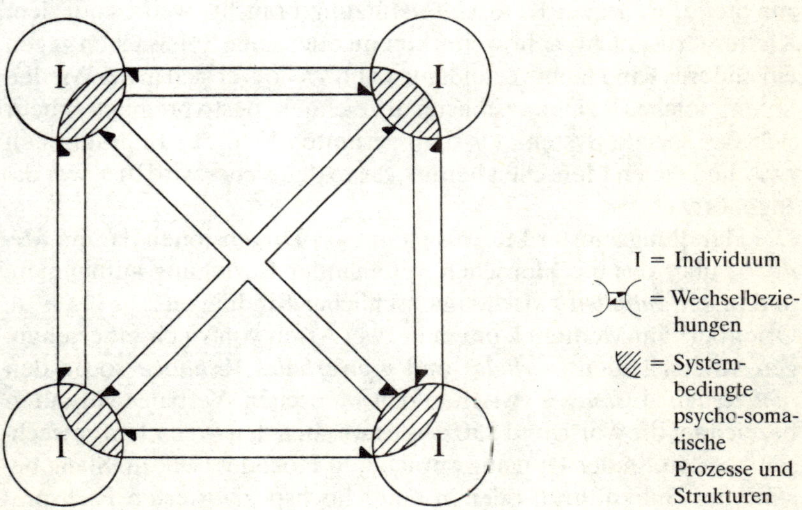

Woran identifizieren wir in der Vielzahl zwischenmenschlicher Beziehungen dieses Ganze eines sozialen Systems? Auf welche Art werden die Menschen in einem sozialen System gehalten?
Bei der Identifikation sozialer Systeme hilft uns eine einfache Definition von Luhmann (vgl. Arbeitsgruppe Soziologie 1983, 112) weiter: als System läßt sich „alles bezeichnen, worauf man die Unterscheidung von Innen und Außen anwenden kann". Wer innen und wer außen steht wird im sozialen Leben dadurch geregelt, daß die Menschen untereinander bestimmte Kontakte vermeiden oder ablehnen und andere aufnehmen und anbieten. Von den vielen Möglichkeiten, in Verbindung zu treten, werden in der jeweiligen Situation nur bestimmte zugelassen. In ähnlichen Situationen wiederholen sich Beziehungsabläufe. Im Strom zwischenmenschlicher Austauschprozesse zeichnet sich die Gestalt sozialer Systeme in besonderen, immer wiederkehrenden Interaktionsmustern ab. Diese Interaktionsmuster – man kann sie auch Beziehungsregeln nennen – bringen das soziale System als „bestimmtes, gegenüber breiteren Möglichkeiten begrenztes Beziehungsgeflecht in einem Zeitraum" hervor. Wenn wir also Menschen längere Zeit beobachten, erkennen wir soziale Systeme als Handlungssysteme: auf einem Spielplatz können wir z. B. unter vielen Kindern und Erwachsenen anhand mannigfacher Verhaltensmuster ausmachen, wer jeweils zu einem Familiensystem gehört. Welches Kind wird am häufigsten von einer Frau oder einem Mann beobachtet? An wen wendet sich ein Kind, wenn es z. B. vorführen will, wie geschickt und mutig es ist? Welcher Erwachsene ist zur Stelle, wenn ein Kind Unterstützung braucht, weil es auf dem Klettergerüst nicht mehr weiterkommt oder seine Spielsachen gegen ein anderes Kind nicht verteidigen kann? Je klarer sich in der Wiederholung solche Beziehungsmuster abzeichnen, desto prägnanter hebt sich das soziale System aus dem gesamten Feld der Interaktionen zwischen vielen Menschen heraus, desto deutlicher wird uns, wer dazugehört.
Die Handlungsmuster bieten sich in zwei Dimensionen dar, im *Medium*, über das die Menschen miteinander Beziehung aufnehmen, und in den *Inhalten* zwischenmenschlicher Bindungen.
Orientiert am Medium kann man zwei Arten von Wechselbeziehungen unterscheiden: *verbales* und *nonverbales Verhalten* sowie den *materiellen Austausch* zwischen den Menschen. Verbales Verhalten bezeichnet die Worte und Sätze, die zwischen den Menschen gewechselt werden, in der Umgangssprache, in Hochdeutsch, im Slang bestimmter Subkulturen oder in einer hochspezialisierten Fachspra-

che. Die Zugehörigkeit zu einem sozialen System zeigt sich darin, daß bestimmte Menschen mehr miteinander reden als mit anderen und daß sie die gleiche Sprache sprechen.
Nonverbal nehmen die Menschen über Körperausdruck und Körperkontakt Beziehung auf. Sie senden Signale über Mimik, Gestik, Haltung, Tonfall der Stimme, Laute. Nonverbale Botschaften erreichen uns nicht nur über Augen und Ohren. Alle Sinne des Menschen bezeichnen Wege nonverbaler Wechselbeziehungen. Die Hautsinne vermitteln den unmittelbaren Körperkontakt zwischen den Menschen als Berührungs-, Druck-, Schmerz-, Dehnungs- und Wärmeempfindung, als lustvolle oder quälende Körperreize. Duftstoffe sind ein nonverbales Beziehungsmedium, das in der Regel außerhalb der bewußten Wahrnehmung wirkt. Die Verhaltensmuster, die über den Geruchssinn gesteuert werden, sind tief in der biologischen Existenz des Menschen verankert. Menschen, die sexuell oder angstvoll erregt sind, produzieren Duftstoffe, die andere Menschen anziehen oder abstoßen, der Geruch eines Babys weckt mütterliche Instinkte. Die körperlichen Interaktionsmuster und Abhängigkeiten der Menschen gestalten die nonverbale Dimension sozialer Systeme.
In den materiellen Wechselbeziehungen stellen die Menschen den Kontakt über den Austausch von Gegenständen her. In dieser Dimension manifestieren sich soziale Systeme in Regeln, welche die Menschen beim Austausch von Geld, Waren und anderen materiellen Gütern leiten. Zu einem System gehört, wer über Geben und Nehmen an den materiellen Austausch zwischen einer Anzahl von Menschen angeschlossen ist bzw. mit ihnen gemeinsam bestimmte Objekte benutzen kann. So besteht die Familie, materiell gesehen, aus Menschen, die die Versorgung mit lebensnotwendigen Mitteln wie Nahrung und Kleidung gemeinsam organisieren: die Familie als Haushaltsgemeinschaft.
Wenn wir das Medium, über welches die Menschen miteinander Kontakt aufnehmen, in den Vordergrund stellen, dann erkennen wir soziale Systeme, indem wir die Handlungen der Menschen beobachten. Bestimmte Menschen sind in der Art und Weise, wie sie körperlich miteinander umgehen, miteinander reden und materielle Güter und Dinge miteinander austauschen, enger aufeinander bezogen. Daran können wir sie als sozialen Verband identifizieren.
Inhaltlich erkennen wir soziale Systeme am *Sinn* zwischenmenschlicher Beziehungen und an der *Verteilung von Informationen* zwischen den Menschen.

Informationen beziehen sich auf das Wissen der Menschen, auf ihre Gedanken, ihre Gefühle und ihre Bewertungen. Wer zu einem sozialen System gehört, verfügt in bestimmten Themenbereichen über einen höheren Informationsstand als Außenstehende. Er teilt mit den anderen Insider-Wissen. Dieses Insider-Wissen ergibt sich daraus, daß der Informationsaustausch zwischen den Angehörigen eines sozialen Systems intensiver ist als mit Außenstehenden.
Welche Informationen zum Bestand des Systems gehören, wird durch den Sinn der zwischenmenschlichen Beziehungen bestimmt. Das gestaltende Prinzip sozialer Systeme liegt also im Sinngehalt, den die Menschen ihren Beziehungen beilegen bzw. der im unmittelbaren Erleben gegeben ist. Er manifestiert sich auch in den *Erwartungen,* die die Menschen einander entgegenbringen. Der Sinn liegt in den *Zielen*, welche die Menschen miteinander verbinden, und in einer *gemeinsamen Weltanschauung*, welche die Beziehungen innerhalb der sozialen Gemeinschaften und das Verhältnis zur Umwelt deutet, z. B. in Gestalt von Firmenideologien, von Programmen politischer Parteien, Glaubenssätzen religiöser Gemeinschaften oder Satzungen von Verbänden. Minuchin und Fishman (1983, 267) nennen die gemeinsamen Anschauungen von Familienangehörigen die „Realität der Familie".
Zur Familienrealität im Innenverhältnis gehören beispielsweise die aufeinander abgestimmten Vorstellungen, welche persönlichen Eigenschaften Angehörige haben, und wie man als Partner deswegen auf sie reagieren sollte (Ich-Du-Definition, Watzlawick u. a. 1971, 83). Auch negative Ich-Du-Definitionen werden von allen Beteiligten übernommen. Beispielsweise übernimmt ein Kind, das von den Eltern als Sorgenkind unter den Geschwistern gesehen wird, diese Du-Definition der Eltern: „ich bin körperlich anfälliger und kann mich weniger behaupten als die anderen, daher müssen sich die Eltern besonders um mich kümmern". Das Kind nimmt die Rolle des identifizierten Patienten in der Familie an. Keiner kommt auf den Gedanken, daß diese intensive Beschäftigung mit dem Sorgenkind dazu dient, elterliche Konflikte auszublenden. Die Ich-Definition der Eltern – „bei uns ist alles in Ordnung" – verbindet sich mit der negativen Einschätzung des Problemkindes zu einem stabilen Interpretationsmuster, ist Familienrealität.
Die Ziele einer Gemeinschaft gehen aus den Bedürfnissen, Interessen und Werten der Menschen hervor. Statt von Zielen können wir auch von *Motiven* sprechen. In den Werten sind Ziele in allgemeinster Form vorgegeben, sie bilden die Kriterien, anhand derer wir be-

urteilen, ob etwas wahr, gut, nützlich, gerecht und schön ist. Die folgende Zusammenstellung familiärer Funktionen listet Zielbereiche der Familie auf (Ebel 1986, 81/82):

„– Reproduktion I	=	Fortpflanzung und Aufzucht von Kindern
– Reproduktion II	=	Fortsetzung von Kultur, Technik, Wissen usw.
– Sozialisation	=	Erziehung und Beeinflussung, Statuszuweisung und soziale Kontrolle für alle Familienmitglieder, insbesondere für die Kinder
– Haushalten	=	Ermöglichung der Existenz der Familienmitglieder im Hinblick auf Nahrung, Kleidung, Wohnung, Erwerb kultureller Güter und Dienstleistungen usw.
– Gemeinschaft	=	Ermöglichung des Lebens in einer überschaubaren Gruppe mit „Face-to-face"-Beziehungen und entsprechenden emotionalen Bindungen, Personalität
– Produktion	=	gegebenenfalls Erzeugung des Lebensunterhaltes
– Sicherung	=	gegebenenfalls Gewährleistung sozialer Sicherheit in Krankheits- und Notfällen (Pflege)
– Dienstleistungen für die Gesellschaft	=	insbesondere Ausgleich zwischen den verschiedenen gesellschaftlichen Systemen, ihren Widersprüchen und Defiziten
– Regeneration	=	Ermöglichung körperlicher und geistiger Erholung von den Zwängen und Belastungen der übrigen Gesellschaft"

Zusammenfassend kann man sagen: Wir sehen soziale Systeme in besonderen zwischenmenschlichen Beziehungen, die sich in verbalen, nonverbalen und materiellen Interaktionsmustern erkennen lassen. Inhaltlich bilden sich soziale Systeme im Sinnzusammenhang und in der Verteilung von Informationen zwischen den Menschen aus. Soziale Systeme prägen die gegenseitigen Erwartungen, an denen sich die Menschen in sozialen Kontakten orientieren.

Die Merkmale *sozialer Rollen* decken sich mit diesen Komponenten sozialer Systeme. Soziale Rollen bestehen in der Gesamtheit von Verhaltensweisen, die von einem Individuum in einer bestimmten sozialen Position erwartet wird (vgl. E. u. R. Hartley 1955, 341; Müller u. Thomas 1976, 77). Diesen Erwartungen entsprechend wählen die Menschen in einer Situation unter den vielen möglichen Verhaltensweisen regelmäßig bestimmte aus. Es etablieren sich bestimmte Beziehungsmuster. Die sozialen Rollen bringen bestimmte Systeme hervor.

Das Prinzip der Wechselbeziehung wird im komplementären Aufbau sozialer Rollen herausgestellt: eine soziale Rolle hat nur im Verbund mit einer zweiten, komplementären Rolle Bestand. „Die Mutterrolle hat ohne ihr Gegenstück, die Rolle des Kindes, keinen Sinn; ebenso verhält es sich mit der Rolle von Ehemann und Ehefrau. Die Händler hätten ohne die Käufer keine Funktion; die Produzenten sind auf die Verbraucher angewiesen . . . Schreibt die Lehrerrolle Dominanz und strenge Aufsicht vor, so werden von der komplementären Schülerrolle Gehorsam und Unterordnung verlangt . . . Die gesellschaftlichen Rollen bilden also ein in sich geschlossenes System, in welchem jedes Element die anderen Einheiten des Systems mitformt und -steuert. Es handelt sich um einen reziproken Effekt; keine Rolle kann verändert werden, ohne gleichzeitig mit ihr in Zusammenhang stehende Rollen zu verändern." (E. u. R. Hartley 1955, 349)

Wir können also soziale Systeme als *Rollensysteme* oder *-gefüge* (vgl. Secord u. Backman 1980, 509) beschreiben (Abb. 2).

Abbildung 2

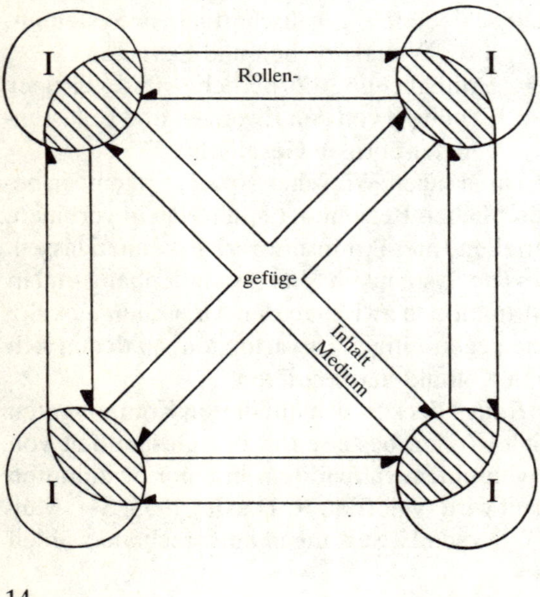

Rollengefüge
Im *Medium* der Beziehungen als Muster
- verbalen,
- nonverbalen,
- materiellen

Austausches.

Inhaltlich
- durch Verteilung von Information
- als Sinnzusammenhang (Zielabstimmung, gemeinsame Anschauungen)

Das Rollenkonzept eignet sich besonders für die praktische Arbeit mit dem Systemansatz, weil es auch im allgemeinen Sprachgebrauch geläufig ist und dort im Sinne des Systemmodells verstanden wird. Menschen, die zu einem sozialen System gehören, „spielen eine wichtige Rolle" füreinander. Angehörige, die die Verhaltensregeln in einer Gemeinschaft verändern wollen, sagen, daß sie nicht mehr „die alte Rolle spielen" wollen. Wenn wir uns an ein System anschließen, übernehmen wir bestimmte Rollen.
Die Liste der Familienfunktionen können wir auch als eine Zusammenstellung der Erwartungen auffassen, die an Rollen von Familienangehörigen gestellt werden.

II Offenheit sozialer Systeme – Systeme und Subsysteme

Die Kontakte der Menschen gehen über den Kreis eines einzelnen sozialen Systems hinaus. Sie sind Familienmitglied, Freund, Berufstätiger, Vereinsmitglied, Schüler, Mitglied einer religiösen Gemeinde, Mitglied einer Partei, mit anderen Worten, die Menschen übernehmen in der modernen Gesellschaft eine Vielzahl von Rollen. Von einem bestimmten System aus gesehen, existieren also Außenbeziehungen, die einen Einfluß auf die Gestaltung aller Rollen innerhalb eines Systems haben. Soziale Systeme sind gegenüber ihrem sozialen Umfeld offen. Vergleichbar biologischen Organismen, können sie innere Lebensprozesse nur im Austausch mit der Umwelt aufrechterhalten.

Ein Betrieb nimmt z. B. in Gestalt ausgebildeter Arbeitskräfte aus dem sozialen Umfeld – genauer dem Bildungssystem – Wissen und Motivationsenergie auf, die er für seine Ziele, Produktion von Waren und Durchsetzung am Markt, verwerten kann. Auf der einen Seite ist er von dieser Zufuhr menschlichen Wissens und personaler Zielorientierung aus der Umwelt abhängig, auf der anderen Seite ist er darauf angewiesen, daß sie seine Dienstleistungen und Waren abnimmt.

Die moderne Kleinfamilie ist in vielfältiger Weise mit dem gesellschaftlichen Umfeld verwoben. In jede Funktion, die wir in unserer Liste aufgeführt haben, wirken auch außerfamiliäre Institutionen hinein; z. B. wird die soziale Sicherung mitgetragen durch Krankenversicherungen, Versorgungsleistungen des Staates und Sozialhilfe in Notfällen. Das Bildungssystem ist daran beteiligt, wie Eltern ihre Kinder erziehen und wie in Familien Eltern- und Kinderrollen gestaltet werden; beispielsweise bringen die Kinder aus der Schule Vorstellungen mit nach Hause, wie man sich verhalten soll, wenn es Streitereien gibt. Erwachsene übernehmen aus ihrer beruflichen Tätigkeit Muster, nach denen sie Beziehungen innerhalb der Familie gestalten. Nicht immer ist das vorteilhaft. Ein Ingenieur oder Jurist ist es gewohnt, Probleme nach objektivierenden Regeln anzugehen. Gefordert wird logisches Denken, persönliche gefühlsbetonte Reaktionen stellen eine Störungsquelle dar und sind deshalb möglichst auszuschalten. Er wird Schiffbruch erleiden, wenn er dieses berufliche Erfolgsrezept auf die Bewältigung partnerschaftlicher Konflikte an-

wendet, weil hier Gefühle ein wesentlicher Bestimmungsfaktor sind.
Nicht nur die Beziehungen zu Organisationen spielen eine wichtige Rolle für die Familie, sondern auch persönliche Beziehungen, etwa zu Freunden, die man um einen Gefallen bittet, bei denen man sich einmal aussprechen kann, mit denen man die Freizeit verbringt.
Der Offenheitsgrad sozialer Systeme bestimmt sich durch die Balance zwischen Öffnung zur Umwelt und Blockierung von Wechselwirkungen mit ihr. Ein gänzlich außengeleitetes System wäre ein Widerspruch in sich. Die Beziehungen wären durch die Rollenmuster des sozialen Umfeldes bestimmt. Das System wäre als eigenständiges Gebilde überhaupt nicht auszumachen. Familien, die in der Nähe dieses Pols rangieren, sind in Gefahr, sich aufzulösen. Die familiären Beziehungsmuster zwischen Eltern und Kindern werden durch außerfamiliäre Rollen verdrängt. Ein Vater etwa leistet Schichtarbeit und dazu noch Überstunden. Die Zeit, die er in der Familie verbringt, benötigt er verständlicherweise, um sich zu erholen: zu Hause sein als Arbeitspause. An die Stelle der Vaterrolle tritt in der Familie die Arbeiterrolle. Kommt noch hinzu, daß auch die Mutter wegen einer Teilzeitbeschäftigung wenig verfügbar ist, so orientieren sich auch die Kinder außerhalb der Familie. Andere soziale Gemeinschaften, wie z. B. Freunde und deren Familien und Straßenbanden beherrschen nun das Feld. Das Rollengefüge in der eigenen Familie verliert an Kontur.
Ein soziales System, das äußere Einflüsse abblockt, ist in seiner Existenz gefährdet, zum einen, weil es innere Spannungen nicht nach außen ableiten kann, zum anderen, weil es gegenüber Veränderungen in der Umwelt unflexibel reagiert. Isolierte Familien können aus diesen Gründen schon in Belastungssituationen, die zum Alltag gehören, wie etwa vorübergehende Zerwürfnisse zwischen den Eltern, Krankheit eines Kindes, Streit mit den Nachbarn, in eine Krisensituation geraten.
Wie die Balance zwischen Öffnung und Blockade ausfällt, hängt allerdings nicht nur von der Selbstregulation sozialer Systeme ab. Die Menschen im Umfeld des Systems sind ebenso beteiligt. Gemeinschaften bilden sich innerhalb eines sozialen Verbandes nicht nur deshalb, weil sich die Mitglieder abgrenzen, sondern auch, weil sie ausgegrenzt werden. Der Offenheitsgrad eines sozialen Systems resultiert folglich aus dem Zusammenspiel von Ausgrenzung durch die Umwelt und autonomer Selbstabgrenzung. Ausländerfamilien grenzen sich aufgrund ihres eigenen Rollenverständnisses aus den übli-

chen nachbarlichen Beziehungen aus und werden aufgrund ihrer andersartigen Verhaltensweisen zugleich auch von den Kontakten ausgeschlossen. Angehörige unterprivilegierter Familien werden, sobald sie etwa über ihre Wohnungsadresse identifiziert sind, benachteiligt. Dies macht sie unter anderem gegenüber ihren Mitmenschen mißtrauisch und aggressiv. Rückzug und Ausgrenzung durch andere bedingen sich. Es entwickelt sich eine Familienrealität, in der die Familie als Schutzburg in einer bedrohlichen Umwelt dasteht.

Die Möglichkeit der Selbstregulation, das heißt die Autonomie einer Familie, hängt also nicht nur von familieninternen Faktoren ab, sondern auch von Außenbedingungen wie z.B. der Regelung von Arbeitszeiten, von der wirtschaftlichen Lage der Familie, vom Verhalten der Nachbarn.

Das soziale Rollengefüge ist über die *bio-physikalischen* Wechselwirkungen mit der materiellen Welt verschränkt. Den materiellen, verbalen und nonverbalen Austausch zwischen den Menschen fassen wir als soziales Beziehungsgeschehen im engeren Sinne auf. Denn die Menschen bleiben in diesen Handlungen sozusagen unter sich, während sich in den bio-physikalischen Transaktionen die Natur als gestaltende Macht in die Beziehung einschaltet.

Natürliche oder künstliche Welt – das ist nicht das Kriterium, nach dem wir die bio-physikalischen Wechselwirkungen von den sozialen unterscheiden. Das Wesensmerkmal ist vielmehr, daß die biologische und physikalische Welt als eigenständiger Partner des Menschen aktiv wird. Die Hochtechnologie – Herstellung von Kunststoffen, elektronische Datenverarbeitung und Automatisierung – versetzt den Menschen erstmals in die Lage, künstliche Umwelten zu schaffen, die nach konstruierten Gesetzen funktionieren. Einmal installiert, zwingen sie den Benutzer mit gleicher Sachgewalt in ihre Bahnen, wie die Wasserströmung den Schwimmer, der einen Fluß durchquert. Sobald die künstlichen Welten in Funktion gesetzt sind, ist ein Stück Verfügungsgewalt vom Menschen auf die materielle Umwelt übergegangen.

Da über die bio-physikalischen Transaktionen das Rollengefüge mit der materiellen Welt verwoben ist, bildet jedes soziale System, also auch die Familie, ein *Ökosystem*. In Abbildung 3 (Seite 20) ist die erweiterte Vorstellung sozialer Systeme dargestellt. Aufgrund zwischenmenschlicher und bio-physikalischer Austauschprozesse schafft sich jedes System seine Umwelt und wird durch seine Umwelt geschaffen. Ein Systembild, das die Umwelt nicht einbezieht, bildet einen sozialen Torso ab.

Systeme und Subsysteme

Da soziale Systeme gegenüber der Umwelt offen sind, läßt sich nicht nach dem Ja-Nein-Prinzip entscheiden, wer innerhalb und wer außerhalb einer Gemeinschaft steht. Je klarer die Rollen definiert sind, desto leichter wird es, Angehörige und Außenstehende abzugrenzen. Aber selbst soziale Systeme, deren Regeln einen harten Bruch zur Umwelt vorschreiben, etwa Sekten oder elitäre Clubs, weisen im Übergangsfeld zur Umwelt unscharfe Konturen auf. Auch solche abgeschlossenen Einheiten können nur dann existieren, wenn sie Außeneinflüsse zulassen. Sie müssen z. B. auf irgendeine Weise neue Mitglieder gewinnen und darum Außenstehende von ihren Zielen überzeugen und über ihre Organisation informieren. Es stellt sich dann die Frage, ob man informierte Außenstehende noch im strengen Sinne als außerhalb der Organisation stehend betrachten soll. Noch schwieriger wird die Identifikation Zugehöriger bei sozialen Systemen, die wie die Familie auf einen regen Austausch mit der Umwelt angelegt sind. Gehört ein Kind, das regelmäßig in einer anderen Familie zu Gast ist, dort oftmals zum Essen eingeladen wird oder übernachtet und auch bei Freizeitunternehmungen häufig dabei ist, zu diesem Familiensystem? Muß man die Verkäuferin, mit der sich die Mutter bei ihren täglichen Besorgungen oft auch über Privates unterhält, zum Familiensystem rechnen?

Bei der Beantwortung dieser Fragen lassen wir uns vom Sinn sozialer Systeme leiten. Das Kind in unserem Beispiel werden wir als Teil der Gastfamilie betrachten, weil es über längere Zeit in wesenliche Funktionen der Familie einbezogen ist. Es beteiligt sich an der persönlichen Gemeinschaft der Familie, partizipiert am Haushalt und am Erholungsangebot und wird sicher auch von den Gasteltern miterzogen. Die Verkäuferin nimmt weit weniger am Familienleben teil. Die persönlichen Beziehungen zwischen ihr und der Mutter ordnen wir den Außenkontakten der Familie zu, und zwar dem Netz primärer, d. h. durch persönliche Bekanntschaft getragener sozialer Beziehungen im Lebensfeld der Familie.

Die Abgrenzung sozialer Systeme wird dadurch erleichtert, daß jede Gemeinschaft einen Kernbestand von Informationen definiert, die nur den Angehörigen zugänglich sind. Außerdem entwickeln die Mitglieder eines Systems Ansprüche und Erwartungen, die nur an die Angehörigen herangetragen werden. Der Widerstand gegen Außenstehende nimmt in dem Maße zu, in dem sie in den Kernbestand, in den innersten Bereich eines sozialen Systems eingreifen. Das so-

Abbildung 3

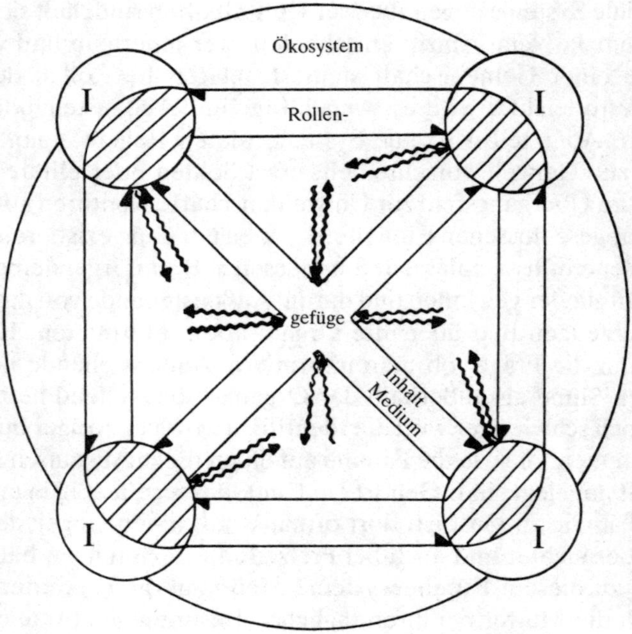

I = Individuum

= Soziale Wechselwirkungen im engeren Sinne

= bio-physikalische Wechselwirkungen

ziale Rollengefüge wird von einem solchen Kernbestand von Interessen und Einstellungen getragen. Wenn sich dieses Zentrum auflöst, zerfällt das System. Z. B. existieren auch sogenannte „offene Partnerschaften" nur so lange, als es den Beteiligten gelingt, in ihren Beziehungen einen Intimbereich zu schaffen, aus dem andere ausgeschlossen sind.

Theoretisch ist es nicht erforderlich, daß die Sexualität in diesen Intimbereich hineingenommen wird. Eine partnerschaftliche Regelung, die aber persönliche Treue fordert und sexuelle Außenbeziehungen frei zuläßt, bringt für alle Beteiligten eine Dauerbelastung mit sich, weil sie im System eine Abspaltung der Sexualität erfordert. Bei gleichen sozialen Systemen kann der Umfang des Innenbezirks unterschiedlich definiert sein. Familien, die sich gegenüber ihrer Umwelt abgrenzen, blocken viele Interaktionen ab, die für Mitglieder offener Familien selbstverständlich sind. In der einen Familie wird zum Beispiel der Gast ohne weiteres in die Hausarbeit einbezogen, in einer anderen nur, wenn er sich mehrfach angeboten hat. In einer nächsten kommt eine Beteiligung nicht in Frage, die Eltern wären gekränkt oder irritiert, wenn sich ein Außenstehender in ihre Arbeit einmischen würde. In der einen Familie wird einem Gast nach kurzer Zeit der Bekanntschaft gezeigt, wo Essen, Getränke und Geschirr stehen und er wird aufgefordert, sich selbst zu bedienen, während in einer anderen Familie dieses Recht den Angehörigen vorbehalten bleibt, der Gast würde sich grob ungehörig aufführen, wenn er den Regeln der offeneren Familie folgte.

Soziale Systeme gehen nicht nur fließend in ihr Umfeld über, sie sind auch ineinander verschachtelt. Dies zeigt sich darin, daß die Menschen mehrere soziale Rollen zugleich innehaben und daß folglich eine Begegnung zwischen ihnen mehreren sozialen Systemen gleichzeitig zugeeignet werden muß. Mutter und Verkäuferin begegnen sich in zwei verschiedenen Rollen, als persönliche Bekannte (Netz primärer Beziehungen) und als Käuferin und Verkäuferin (Rollen im ökonomischen System). Menschen, die in einer Mieterinitiative zusammenarbeiten, begegnen sich als Nachbarn, betätigen sich aber auch im kommunalpolitischen und wirtschaftlichen System.

Da eine soziale Handlung in mehreren Systemen gleichzeitig spielt, hängt es von dem Weltbild und den Interessen der Beobachter ab, welche Systeme sie jeweils aus dem vielschichtigen Beziehungsgewebe zwischen den Menschen herausfiltern. Willkürliche Grenzziehungen sind unvermeidlich, ansonsten käme man über die Vernetzung der sozialen Systeme zu immer größeren Einheiten – von der Zweierbeziehung zwischen Mutter und Kind zur Familie, von der Familie zur Nachbarschaft, dann zur Gemeinde, zum Staat, zum Staatenverbund, bis man schließlich im Kosmos, als dem Gesamtsystem angelangt wäre. Jedes soziale System kann so als untergeordnetes System, als Subsystem einer umfassenderen Ordnung gesehen werden.

Das Netz der Wechselbeziehungen können wir auch in die entgegengesetzte Richtung der immer kleineren Einheiten verfolgen. Ein bestimmtes System differenziert sich dann in eine Anzahl von Subsystemen aus. In der Familie grenzen wir z. B. das elterliche vom geschwisterlichen Subsystem ab (Minuchin 1977, 72), das geschwisterliche Subsystem weist in kinderreichen Familien wiederum Untereinheiten einander besonders verbundener Kinder auf, schließlich ist jeder einzelne ein psychosomatisches Subsystem, das seinerseits in immer

kleinere Systeme zerlegt werden kann, bis hinunter zu jedem einzelnen Atom seines Körpers.
In unserem Bemühen, Systeme und Subsysteme voneinander abzugrenzen, stoßen wir auf zwei Grundeigenschaften sozialer Systeme, die es grundsätzlich verunmöglichen, ihre Merkmale eindeutig zu fixieren. Es handelt sich um die Zirkularität und die strukturell-dynamische Doppelgestalt sozialer Systeme.

III Zwei Grundeigenschaften von Systemmerkmalen

Zirkularität: Paradoxie oder Subjektivität – Vorstellung von Allmacht

Zirkularität bedeutet Kreisförmigkeit oder Rückbezüglichkeit. Wechselbeziehungen, Interaktionen, Austauschprozesse bezeichnen zirkuläre Vorgänge. Watzlawick u. a. (1972, 47) zitieren Hippokrates zum Prinzip der Zirkularität: „Alle Teile des Organismus bilden einen Kreis. Daher ist jeder Teil sowohl Anfang als auch Ende." Veränderungen, die in einem System von einem Element oder einem Bereich ausgehen, wirken also auf den Ausgangspunkt zurück. Das Muster kreisförmiger Abläufe stellt uns nicht nur ein Bild sozialer Prozesse vor Augen, sondern lenkt auch unser Denken in kreisförmige Bahnen. Wer Vorgänge in einem sozialen System nachvollziehen will, muß rückbezüglich denken. Dies kann leicht einen intellektuellen Drehschwindel erzeugen, weil die Gedankenschritte immer wieder zum Ausgangspunkt zurückführen. Ob wir die Eigenschaften des Ganzen oder der Teile eines Systems analysieren, die Rückbezüglichkeit tritt immer so auf, daß wir Teilbereiche nur beschreiben können, wenn wir das Ganze einbeziehen und das Ganze wiederum nur, wenn wir Eigenschaften von Teilen miteinander in Zusammenhang bringen. Das zirkuläre Denken führt uns zur taoistisch anmutenden Erkenntnis, daß zwei Erscheinungen, die wir in einem System unterscheiden, zugleich verschieden und eins sind. Opfer und Täter sind eins, weil in zirkulären Prozessen das Opfer an der Mißhandlung, die ihm widerfahren ist, beteiligt ist; andererseits sind sie voneinander unterschieden, sonst würden wir nicht von Mißhandlung, sondern von einem Kampf reden, bei dem einer der Beteiligten körperliche und seelische Verletzungen davonträgt. Ein Subsystem – zum Beispiel das elterliche Paar in der Familie – bildet mit dem Gesamtsystem eine Einheit, denn seine Aktivitäten gehören zur Dynamik des Ganzen, andererseits reguliert es sich selbst und beeinflußt das übergreifende Ganze, ist demnach anders als das System, dem es untergeordnet wird. Medium und Inhalt sind verschieden, aber das Medium ist die Botschaft. So beruht die Feststellung „Liebe ist durch Geld nicht zu ersetzen" auf der Unterscheidung zwischen dem materiellen Medium Geld und dem Inhalt Liebe; sie hebt aber diese Unterscheidung zugleich auf, weil die Beschaffenheit des Mediums – sachlich, materiell, losgelöst von menschlichen Gefühlen – mit der Qualität des Inhaltes zusammenfällt. Der identifizierte Patient oder Symptomträger einer Familie kann nur beschrieben werden, wenn man zwischen einem gestörten Individuum (ein Subsystem) und der Familie unterscheidet und in einer rückbezüglichen Denkbewegung diese Unterscheidung wieder aufhebt, indem man die persönliche Störung, etwa Magersucht oder Störungen in der persönlichen Entwicklung, als eine Erscheinungsweise (ein Symptom) gestörter Beziehungsdynamik in der Familie auffaßt.

Wir können diese Paradoxie, daß eine Unterscheidung zwischen zwei Systemmerkmalen besteht und zugleich zirkulär aufgehoben ist, pragmatisch auflösen, indem wir sowohl die *strukurell-analytische* Darstellung der Systembilder als auch die *ganzheitlich-zirkuläre* Auffassung als zutreffende Beschreibung sozialer Prozesse betrachten. Beide Sichtweisen sind insofern gleichwertig, als sie jeweils eine andere Seite derselben Realität wiedergeben. Diese pragmatische Lösung wird um den Preis der Subjektivität erkauft: das Erscheinungsbild eines sozialen Systems ist untrennbar mit der Aktivität dessen, der es beschreibt, verbunden. Ist er in der Rolle des Beobachters, so liegt seine Aktivität in seiner Wahrnehmung. Er richtet seine Aufmerksamkeit auf das Ganze oder auf Teilbereiche, nimmt nur bestimmte Aspekte einer Beziehung auf, betont bestimmte Ereignisse, schiebt andere in den Hintergrund. Ist er in einem System aktiv, dann bestimmt er durch sein Verhalten mit, wie ihm das System antwortet, z. B. ob eine Gruppe geschlossen reagiert oder nur bestimmte Mitglieder vorschickt. Ob in der Rolle des Beobachters oder des Beteiligten, der Mensch ist immer Teil des Systems, dessen Gestalt er beschreibt.

Wir können nicht ganzheitlich-zirkulär und strukturell-analytisch zugleich denken. Deshalb pendeln wir bei der Erkundung sozialer Systeme zwischen beiden Sichtweisen hin und her. In einer ersten Begegnung tritt beispielsweise zunächst einmal ein Gesamteindruck in den Vordergrund. Gehen die Familienangehörigen gelassen oder hektisch miteinander um, besteht eine Atmosphäre von Offenheit und lebendiger Kommunikation oder spürt man Vorsicht und Mißtrauen? Dann fesselt ein Familienangehöriger unsere Aufmerksamkeit für eine gewisse Zeit, etwa weil er im Mittelpunkt der Aktivitäten steht oder, im Gegenteil, sich am Rande der Familie bewegt. Wir beobachten, wie er sich verhält und versuchen nachzufühlen, wie es ihm im Moment geht. Im Wechsel zwischen ganzheitlicher und analytischer Auffassung differenzieren wir unser Bild der Familie. Aus der Beobachtung im einzelnen ergeben sich neue Fragen an das gesamte System. Beide Sichtweisen sind also zirkulär aufeinander bezogen. Die Systemtheoretiker haben zu Recht die Einseitigkeit individualistischer Konzepte kritisiert. Diese unterschätzen die sozialen Kräfte, die das Verhalten eines Menschen bestimmen. Der Systemansatz korrigiert das Sprichwort vom Menschen, der seines eigenen Glückes Schmied sei. Aber auch die zirkuläre Betrachtungsweise zeichnet perspektivisch verzerrte Bilder. Sie kommen zustande durch den Unendlichkeitsmythos, der mit dem Bild des Kreises in die Betrachtung menschlicher Verhältnisse hineingetragen wird. In der zirkulären Auffassung werden Beziehungsprozesse zu Gestalten ohne Anfang und Ende, ein Wechselspiel, in dem jeder der Beteiligten gleichermaßen zum Geschehen beiträgt. Da dies so ist, ist keiner der Macht des anderen unterworfen. Mit dem Bild des unendlichen Kreises verbindet sich die Vorstellung, daß Menschen innerhalb ihrer Systeme potentiell allmächtig sind. Die zirkuläre Verführung, die Grenzen der Macht in Beziehungen zu ignorieren, wird dadurch unterstützt, daß der Frage nach dem Anfang und Ende einer Interaktion kein entscheidendes Gewicht beigemessen wird. Das zirkuläre Modell beschreibt nur Beziehungen, die in Gang sind. Fragen wir aber, wie eine Auseinandersetzung begann, und wie sie endete, dann ist in vielen Fällen unabweisbar, daß es für einen der Beteiligten keine Wahl gibt, nach welchen Regeln er mit den anderen zusammenlebt. Nehmen wir die Frau oder die Kinder, die geschlagen oder sexuell attackiert werden. Meist hängt es allein vom Zustand des Täters ab, wann eine Attacke beginnt und wann sie beendet wird. Nehmen wir Familien, in denen ein Kind psychisch erkrankt. Es ist kurzschlüssig und bringt zusätzliches Leid in die Familie, wenn im Sinne des ganzheitlichen zirkulären Modells von vorneherein die Angehörigen, vor allem die Eltern, als wesentliche Mitverursacher der Erkrankung abgestempelt werden. Mit diesen Hinweisen sollen die Uhren nicht wieder ins Zeitalter individualistischer Weltbilder zurückgedreht werden, das Verhalten eines Menschen muß immer auch in den Zusammenhang seiner Lebenssituation gestellt werden. Das systemische Denken darf aber nicht dogmatisch verbieten, in einer konkreten Problemlage auch zu untersuchen, ob nicht ein Einzelner Hauptverursacher sozialer Schwierigkeiten ist.

Die strukturell-dynamische Doppelgestalt systemischer Merkmale

Das strukturelle Bild stellt soziale Systeme in statischen Mustern und Formen dar. Strukturen entstehen dadurch, daß innerhalb des Ganzen bestimmte Teile, Subsysteme oder Bereiche fixiert und die Wechselbeziehung zwischen ihnen als Verbindungswege ausgebildet werden. Dynamisch gesehen existiert ein System als Feld sich gegenseitig beeinflussender Prozesse. Es hebt sich durch bestimmte Zustände und Verlaufsmuster im Feld des Beziehungsgeschehens ab. Strukturen sind, dynamisch gesehen, Abläufe, die sich in gleicher Weise wiederholen.

Nach dem zirkulären Prinzip sind Strukturen Niederschläge und zugleich auch gestaltende Grundlagen sozialer Interaktionen. Die elektronische Datenverarbeitung macht es z. B. möglich, über Tastendruck konstruktive Entwürfe von Bauwerken und Maschinen zu berechnen und perfekt abzubilden. Dies steigert wiederum die Ansprüche. Die Arbeiten sollen in immer kürzeren Zeiträumen mit bester Qualität geleistet werden. Die elektronisch dynamisierte Arbeit drängt auf noch leistungsfähigere Speicher- und Rechensysteme. Ein anderes Beispiel: die Menschen haben sich daran gewöhnt, mit dem Auto zu fahren, wann immer und wohin immer sie wollen. Entsprechende Strukturen des ökonomischen Systems haben sich nicht nur in Gestalt der Automobilindustrie, der Reparaturwerkstätten und Tankstellen herausgebildet, sondern auch in anderen Sparten, die vom Individualverkehr abhängig sind, etwa Einkaufszentren vor der Stadt oder Gaststätten auf dem Lande, die, gäbe es keine Privatwagen, nicht auf die notwendige Kundenzahl kämen. Diese ökonomischen Strukturen forcieren die aufwendigste und umweltschädlichste Form des Massentransportes, den Individualverkehr.

Die *Struktur* sozialer Systeme manifestiert sich materiell in der biophysikalischen Welt und psychosozial in den Strukturen der Persönlichkeit.

Krankenhäuser, Einkaufszentren, Bürogebäude, Straßennetze, Telefonnetze, Wohn- und Industrielandschaften sind materielle Abdrücke sozialer Interaktionsmuster. Wohnungen stellen materielle Strukturen der Familie dar. Soweit sie nicht für den individuellen Bedarf einer einzelnen Familie entworfen sind, repräsentieren ihre Grundrisse Durchschnittsvorstellungen vom Rollengefüge der Familie. Sie werden als Gehäuse für die Kernfamilie mit zwei Kindern konzipiert. Kinderreiche Familien oder Familien, in denen die Groß-

eltern mitleben, werden kaum bedacht. Noch weniger finden neue Formen familiärer Gemeinschaft entsprechenden Wohnraum, etwa mehrere Familien, die sich zusammenschließen, um die Lasten der Versorgung ihrer Angehörigen und der Beaufsichtigung und Erziehung der Kinder auf mehrere Eltern zu verteilen.
Auch formalisierte Regelungen, die schriftlich in Form von Gesetzen, Geschäftsordnungen oder Stellenplänen vorliegen, stellen materielle Strukturen dar. Ebenso trifft dies auch für Regelungen zu, die in maschinelle Funktionen übertragen wurden, etwa die je nach Rangordnung und Verantwortungsbereich programmierte Zugriffsmöglichkeit auf computergespeicherte Informationen.
Psychosoziale Strukturen prägen sich in allen Dimensionen der Persönlichkeit aus, in den Denkmustern, in der Befindlichkeit eines Menschen, in selektiver Wahrnehmung, im Körperbild. Alle diese Aspekte haben die Menschen in Form von Rollenbildern, etwa des Arbeiters, des Arztes, der Mutter, gespeichert, die sie als Erwartungen an die Mitmenschen herantragen. Wenige Interaktionen können solche Bilder in Form von Rollenzuschreibungen aktivieren. Ein Familienberater kann schon nach wenigen Minuten eines Familiengesprächs den Eindruck haben, daß die Mutter mit ihrem Sohn koaliert. Sie sitzen nebeneinander und nehmen die gleiche, etwas abwehrende Haltung gegenüber den anderen ein. Dieses Verhalten reicht aus, um beim Berater zunächst einmal das Familienbild einer Koalition hervorzurufen. Er wird diese Vorstellung als eine Annahme behandeln, die er durch weitere Beobachtungen untermauern muß.
Psychosoziale Strukturen können wir in Form graphischer Darstellungen, etwa in einem Soziogramm oder einem Organisationsdiagramm anschaulich machen. Diese Strukturbilder sind Abstraktionen, die aus dem strukturell-dynamischen Beziehungsgeschehen herausgezogen wurden. Die Realität ist Struktur und Dynamik zugleich. Wir können daher eine strukturelle Aussage jederzeit in ein dynamisches Bild übersetzen.
Da soziale Systeme Rollengefüge sind, beinhaltet jede Struktur Aspekte sozialer Rollen. Nemen wir z. B. Minuchins strukturelles Bild der Systemgrenzen. Er unterscheidet Familien, in denen zwischen dem elterlichen und dem geschwisterlichen Subsystem unangemessen starre, klare oder diffuse Grenzen vorhanden sind (1977, 73 ff.). Wo diffuse Grenzen bestehen, sind die Generationen miteinander verstrickt. Bei unangemessenen starren Grenzen existieren sie losgelöst voneinander (a. a. O., 74/75).

Die Beschaffenheit der Grenzen versinnbildlicht, wie in den verschiedenen Familien die komplementären Rollen von Eltern und Kindern definiert sind. Der dynamische Aspekt der Systemgrenzen ist das Rollenverhalten. Diffuse Grenzen zwischen Eltern und Kindern zeigen sich darin, daß die Interessenssphären beider Generationen nicht dem Alter angemessen klar voneinander unterschieden werden und daß es keine klaren Regeln gibt, welches Verhalten nur zwischen den Eltern und welches nur zwischen den Kindern zugelassen sein soll. In verstrickten Familien übernehmen Kinder Aufgaben, die eigentlich Sache der Eltern sind, und die Eltern nehmen umgekehrt kindliche Rollen ein, der Vater rivalisiert z. B. mit seinem Sohn um die Anerkennung und Zuwendung der Mutter bzw. Ehefrau.

In Familien, die starre Grenzen aufweisen, werden die Rollen nach einem fixierten Schema gestaltet. Dabei wird verhältnismäßig wenig Rücksicht auf individuelle Eigenarten der Familienangehörigen genommen und auf die jeweilige Situation, in der sie sich gerade befinden. Dieses Rollengefüge funktioniert annährend nach dem Rollenmodell, das Parsons (vgl. Krappmann 1971, 163/164) beschrieben hat. Die komplementären Rollen greifen wie Zahnräder ineinander. Das Bestreben ist, alle Angehörigen möglichst präzise an den vorgegebenen Rollenvorschriften zu halten. Nur dann sei ein soziales System besonders funktionsfähig. Die Kinder sollen also so erzogen werden, daß sie die gesellschaftlich wichtigen Rollen, z. B. die Rolle als Mann und Frau, die Eltern-Kind-Rolle oder die Berufsrolle, möglichst präzise einhalten (vgl. a. a. O., 169). Familien mit starren Grenzen orientieren sich häufig an Rollenklischees. der Sohn soll zum „Mann" erzogen werden, die Tochter sich „fraulich" verhalten.

Klare Grenzen konstatiert Minuchin, wenn das Zusammenspiel so gestaltet wird, wie es dem *interaktionistischen* Rollenkonzept entspricht (vgl. a. a. O., 169):

– Die Rollen sind nicht starr festgelegt, sondern lassen „einen gewissen Spielraum für subjektive Interpretationen durch die Rollenpartner".

– Im Regelfall ist nicht mehr als eine vorläufige versuchsweise Übereinstimmung darin zu erreichen, wie die Rollen zu gestalten sind, und mehr ist auch nicht erforderlich.

– Nicht diejenigen Organisationen sind stabil, deren Mitglieder ihre Rolle „automatisch erfüllen", sondern solche, die ihnen ermöglichen, im Rahmen des Interpretationsspielraums, den die Regelungen lassen, eigene Bedürfnisse in der Interaktion zu befriedigen.

Besonders stabil sind also Eltern-Kind-Beziehungen, in denen die Eltern ihre eigenen Interessen gegenüber den Kindern vertreten und auch für die Kinder denken und handeln, soweit dies der jeweilige Entwicklungsstand ihrer Kinder erfordert, in denen die Eltern aber auch fähig sind, über die Gestalt der Rolle zu verhandeln, wenn Konflikte auftreten.
Solange also Eltern und Kinder zusammenleben, muß immer aufs neue die Frage gestellt werden: Entsprechen die Verhaltensregeln noch dem Stand der Entwicklung in unserer Familie? Und die zweite Frage: Sollen wir im Interesse des Kindes oder in unserem Interesse eine Ausnahme machen, oder bestehen wir darauf, die Ordnung einzuhalten?
Wir haben am Beispiel innerfamiliärer Beziehungen die Beschaffenheit der Grenzen in die Gestaltung sozialer Rollen übersetzt. Das gleiche läßt sich auch für die Abgrenzung eines Systems nach außen vollziehen. Diffuse Außengrenzen bestehen dann, wenn die Rollen von Angehörigen und von Außenstehenden nicht klar voneinander unterschieden sind. Zwangsläufig diffus ist z. B. die Abgrenzung von Pflegefamilien und Herkunftsfamilien, weil es außerordentlich schwierig ist, die Rolle der Pflegeeltern und der leiblichen Eltern klar zu unterscheiden und ebenso die dazugehörige Rolle des Kindes als Pflegekind und als leibliches Kind. Familien mit unangemessen starren Außengrenzen entwickeln genaue Regeln im Umgang mit Außenstehenden und sind wenig anpassungsfähig, während die klare Grenzziehung einen Spielraum für spontane, situationsgemäße Regelungen der Außenkontakte läßt.

IV Stabilität und Veränderung sozialer Systeme

Homöostase und Norm

Homöostase bedeutet, daß bestimmte Variable eines Systems „die Tendenz haben, innerhalb gewisser feststehender Grenzen zu bleiben" (Hall/Phagen nach Watzlawick u. a. 1972, 24). In sozialen Systemen ist Homöostase dann eingetreten, wenn sich ein bestimmtes Rollengefüge stabilisiert hat. Die Variablen, die sich dann nur noch in bestimmten Grenzen bewegen, bestehen in den Komponenten sozialer Rollen. Inhaltlich haben sich bestimmte Vorstellungen, wie Angehörige sich selbst in ihren Beziehungen zu den anderen sehen (Ich-Du-Definitionen), festgesetzt, haben die Beteiligten gemeinsame Anschauungen dazu entwickelt, wie ihre Gemeinschaft zur Umwelt steht, haben gemeinschaftliche Ziele festgelegt. Interessen, Bedürfnisse und Werte aufeinander abgestimmt. Wo Differenzen bestehen, hat sich entweder ein Kompromiß herausgebildet oder eine bestimmte Routine, ungelösten Konflikten auszuweichen. Im Verhalten und dem materiellen Austausch zwischen den Angehörigen erkennen wir Homöostase daran, daß Aktivitäten nur insoweit entfaltet werden, als sie das Rollengefüge nicht ernsthaft gefährden. Ihre Aktivitäten werden durch das soziale System geleitet und begrenzt. Die Beschreibung des Gleichgewichtszustandes in sozialen Systemen stimmt mit der Definition *sozialer Normen* überein. Ein Rollensystem normiert auf sozialem Wege die Bedürfnisse, Werte, Anschauungen und Verhaltensweisen der Menschen. Homöostase ist die systemische Übersetzung des sozialpsychologischen Normenbegriffes. Homöostase darf nicht im Sinne von Gleichverteilung verstanden werden. Ein System ist auch dann im Zustand der Homöostase, wenn Rechte und Pflichten oder Machtpotentiale ungleich verteilt sind, wenn sich Cliquen gebildet haben und Mitglieder in eine Außenseiterposition gedrängt wurden.
Entwickeln Angehörige eine Verhaltensweise oder äußern sie Gedanken, welche das Rollensystem bedrohen, dann löst dies Reaktionen aus, die auf den Erhalt der etablierten Ordnung hinwirken. Ein Ehemann oder Sohn, der mehr als gewohnt in die Hausarbeit einbezogen wird, stellt sich z. B. äußerst ungeschickt an, so daß die Mutter diese Umverteilung der Hausarbeit nicht lange durchhält. Es kostet sie weniger Energie und es geht schneller, wenn sie im herkömmlichen Muster bleibt und die Arbeit selbst erledigt. Ein Jugendlicher

oder ein Familienberater, der in einer Familie ein Tabuthema anspricht, z. B. in einer harmonischen Familie einen unter der Oberfläche schwelenden Machtkampf zwischen den Eltern, wird vom vereinten Elternpaar bekämpft und in die Rolle des Sündenbocks gebracht – der Jugendliche als Störer in einer sonst intakten Familie, der Berater als einer, der Probleme sieht, wo keine sind, und, statt zu helfen, noch Unruhe in die Familie hineinbringt. Solche Reaktionen, die dazu dienen, das Rollensystem zu stützen, werden *homöostatische* Reaktionen genannt.

Die jeweilige Ordnung, die sich in einer Homöostase durchgesetzt hat, regelt im Zusammenhang mit der inneren Ordnung immer auch die *Außenbeziehungen*. Jede soziale Rolle hat eine systeminterne und eine -externe Seite. Wenn Eltern ihre Fürsorgepflicht nur dann erfüllt sehen, wenn sie jederzeit wissen, wo ihre Kinder gerade sind und wie lange sie genau außer Haus bleiben, dann regeln sie damit auch die Außenkontakte der Kinder. Diese Definition der Elternrolle setzt den Unternehmungen mit Freunden klare Grenzen.

Welche Ordnung sich jeweils einstellt, daran sei erinnert, ist nicht allein der Selbstregulation einer Gemeinschaft anheim gegeben. Die Außeneinflüsse spielen gewichtig mit. Das Rollenmuster „die Frau bleibt zu Hause, der Mann arbeitet" wird auch durch die Organisation der Arbeitswelt bestimmt. Die Familie paßt sich in ihrer inneren Ordnung an die Normen des Arbeitsmarktes an.

Soziale Systeme als Anpassungsformen und Machtkonstellationen auf Zeit

Das Rollengefüge, das sich schließlich in der Homöostase stabilisiert, hat sich in einem Prozeß sozialer Anpassung herausgebildet. In diesem Anpassungsprozeß stimmen die Menschen ihre Bedürfnisse, Interessen und Wertorientierungen aufeinander ab. Sie setzen sich mit dem Spiegelbild ihrer selbst auseinander, das ihnen in der Art und Weise, wie die anderen mit ihnen reden und sie behandeln, entgegenkommt. Unweigerlich werden dabei Konflikte ausgetragen, die in die vitale Interessenssphäre der Beteiligten hineinreichen. Die Rollen, die sich schließlich herausbilden, haben sich im Prozeß gegenseitiger Anpassung bewährt. Sie beinhalten Denk- und Verhaltensmuster, die eine Gemeinschaft dauerhaft vor Konflikten bewahren und geben bestimmte Strategien, nach denen Konflikte anzugehen sind, vor. Im Rollengefüge haben wir die Formen der Konfliktbewältigung vor uns, die nach mehr oder weniger heftiger Auseinandersetzung, im Gespräch und im Handeln, bewußt oder unbewußt erarbeitet wurden. Daher stellen die Rollengefüge Anpassungsformen dar.

In der Auseinandersetzung um das „angemessene" soziale Verhalten und die „richtige" Vorstellung über den Zweck einer Gemeinschaft bemühen sich alle Beteiligten, mögen sie sich dessen bewußt sein oder nicht, ihre persönlichen Interessen und Anschauungen durchzusetzen. Darin erweist sich die soziale Anpassung als ein Vorgang, in dem die Menschen soziale Macht ausüben. In den Rollen, die sich schließlich stabilisieren, sind die Einflußmöglichkeiten festgeschrieben. Das Rollengefüge fixiert Machtverhältnisse, stellt eine Machtkonstellation dar.

Macht liegt im Einflußpotential, über welches ein Mensch oder eine Gruppe verfügt (vgl. Scott 1986, 368). Wer Macht anwendet, nutzt seine Einflußmöglichkeiten. Soziale Macht wird hier positiv im Sinne der Philosophin Hannah Arendt (vgl. Meyer 1987, 21) gesehen als Ausdruck der spezifischen menschlichen Fähigkeit, im Einvernehmen mit anderen zu handeln. In diese Richtung weist auch Habermas, wenn er Machtausübung als „ die Formierung eines gemeinsamen Willens in einer auf Verständigung gerichteten Kommunikation" bezeichnet (a. a. O. 21). „Macht muß ja nicht notwendig Unterdrückung bedeuten, sie könnte auch Macht sein, etwas hervorzubringen: Eine andere Lebensweise, eine andere Welt, einen inspirierenden Sinn" (Rossanna, Rossanda nach B. Meyer 1987, 21).

Macht negativ bewertet bezeichnen wir als *Gewalt*: „Gewalt liegt dann vor, wenn Menschen so beeinflußt werden, daß ihre aktuelle somatische und geistige Verwirklichung geringer ist als jede potentielle Verwirklichung" (Galtung 1980, 9).

Macht und Gewalt gehen fließend ineinander über. Die Grenzen zwischen Machtausübung und Gewaltanwendung werden oft unmerklich überschritten. Beobachten wir beispielsweise im Schwimmbad, wie Eltern mit ihren kleinen Kindern umgehen, die sich im zwiespältigen Gefühl von Angst und Faszination dem Wasser nähern. Wie oft überschreiten sie ungewollt die Grenze zur Gewalt gegen das Kind. Ihre Bemühungen, das Kind zu ermutigen, verwandeln sich allmählich in Nötigung des Kindes. In vielen Situationen gibt es keine letzte Sicherheit, ob Gewalt oder Macht im wohlverstandenen Interesse des Partners liegt. Habe ich einen Partner, dem ich etwas erläuterte, unterstützt oder ihn unterdrückt? Habe ich, indem ich eine Erklärung zurückhielt, ihn im Stich gelassen oder ihm die Chance gegeben, seinen eigenen Weg zu suchen? Hat einer, der die Hilfe des anderen ausschlug, Nähe und Zusammenarbeit verweigert oder angemessen zur Geltung gebracht, daß er nicht so schwach ist, wie ihn der andere sieht?

In der gegenseitigen Anpassung der Menschen verschränken sich zwei Vorgänge, in denen Macht zur Geltung kommt. In der *aktiven Anpassung* übt einer über den anderen Macht aus, beeinflußt ihn in seinem Sinne. In der *passiven Anpassung* räumt er anderen Macht ein, läßt sich beeinflussen bzw. wird beeinflußt.

Passive Anpassung ist eine Handlung, die dem anderen Macht einräumt. Sie besteht z. B. darin, daß man sich in den anderen einfühlt, ihm zuhört, seine Gedankengänge und Bewertungen nachvollzieht oder daß man nachgibt, ein Opfer bringt. Nur in Ausnahmesituationen sind Menschen so apathisch, daß sie in der passiven Anpassung nur noch Objekte der anderen sind, etwa wenn sie erschöpft oder krank sind, seelisch und körperlich massiv bedroht werden.

Beide Formen der Anpassung bedingen einander (Zirkularität). Das Machtpotential eines Menschen über den anderen bestimmt sich aus dem Zusammenspiel aktiver und passiver Anpassung.

Eltern und Erzieher werden Kindern nur gerecht, wenn sie, obwohl ihr aktives Machtpotential überwältigend groß ist, den Kindern Macht einräumen. Zwischen den Erwachsenen und den Kindern besteht ein permanentes Anpassungs- oder Machtdilemma. Erziehung erfordert auf der einen Seite, daß die Erwachsenen den ihnen anvertrauten Kindern Orientierung geben, sie vor Schaden schützen, also körperliche und seelische Macht ausüben. Auf der anderen Seite sind sie aber auch gefordert, das Kind in seinen Bedürfnissen wahrzunehmen und sich durch seine Äußerungen leiten zu lassen, sich also passiv anzupassen. In Konfliktsituationen mit den Kindern bleibt immer die Unsicherheit, ob das richtige Mischungsverhältnis zwischen aktiver und passiver Anpassung getroffen wurde. Da Mütter meist diejenigen sind, die in der Familie die Kinder erziehen, haben sie besonders unter diesem Dilemma zu leiden. Wenn ihr Kind Störungen zeigt, kann man sie leicht dafür verantwortlich machen mit der Begründung, sie hätten das richtige Mischungsverhältnis zwischen Machtausübung und Eingehen auf das Kind verfehlt. Haben sie sich besonders bemüht, dem Kind vieles zu bieten, wird ihnen Überfürsorglichkeit und unterdrückende Bemutterung bescheinigt, haben sie das Kind eher bestimmen lassen, dann fallen sie unter das Klischee der vernachlässigenden Mutter.

Die *Merkmale sozialer Macht* können wir aus dem bisher herausgestellten Bild sozialer Systeme ableiten. Im Medium sozialer Beziehungen zeigt sich Macht als *körperliche, sprachliche* und *materielle* Macht. Über die bio-physikalischen Transaktionen wirkt die materielle Welt als *Macht* oder *Gewalt der Natur* in die sozialen Beziehungen hinein, als *Macht der Technik*, wenn sie von künstlichen Umwelten ausgeht. Inhaltlich entsteht das Einflußpotential zwischen den Menschen aus ihrem Wissen und der Kontrolle des Informationsflusses: Macht als *Informationsmacht*.

In den Zielen sind die Menschen voneinander abhängig, weil einer den anderen benötigt, um seine Wertvorstellungen zu verwirklichen, seine Interessen und Bedürfnisse zu befriedigen. Soziale Macht besteht hier in der Möglichkeit, anderen einen Schaden zuzufügen, indem man ihnen erschwert oder sie daran hindert, ihre Ziele zu erreichen, oder dazu beizutragen, daß sie ihre Ziele erreichen: Macht als Möglichkeit, zu belohnen und zu bestrafen, Macht als *Sanktionsmacht*.

Schließlich nehmen Menschen und Gruppen dadurch Einfluß, daß sie die Weltanschauungen und Selbstbilder anderer im eigenen Interesse verändern. Sie bestimmen den anderen, indem sie ihre Definition des Beziehungsgeschehens durchsetzen.

Diese Macht, die aus dem Einfluß auf Interpretationsmuster hervorgeht, ist *Definitionsmacht*. Sie ist von besonderer Bedeutung, weil Menschen in dieser Form der Machtausübung die Realität des anderen miterschaffen. In der Unsicherheitszone zwischen eindeutig positiver Beeinflussung und fraglosem Vorhandensein von Gewalt hängt es beispielsweise allein von der Definitionsmacht der Beteiligten ab, ob die Durchsetzung eigener Ziele als übles Verhalten und Unterdrückung des anderen gesehen wird, oder aber als sachlich angemessene Form der Selbstverwirklichung gilt. Ein Partner kann den anderen soweit verunsichern, daß er seinen eigenen Sinnen nicht mehr traut. Eine Ehefrau erlebt an vielen Reaktionen, daß der Mann sich von ihr abwendet. Er tut diese Empfindungen als „ihre Überempfindlichkeit" ab. Schließlich gerät die Frau so in Selbstzweifel, daß sie einen Psychotherapeuten aufsucht, um diese „neurotischen Reaktionen" behandeln zu lassen. Definitionsmacht wird nicht nur verbal, sondern auch über das Verhalten ausgeübt. Kinder können Situationen oft nicht einschätzen und lesen an den Reaktionen der Eltern ab, wie sie zu bewerten sind. So lernen sie an den Ekelreaktionen der Eltern, daß es abstoßend ist, Sachen von der Straße aufzuheben und in den Mund zu stecken; die Mutter bleibt ruhig, also bedeutet das schreckliche Grollen des Donners keine Gefahr, nichts Aufregendes; daß dieser Mann schwarz ist, ist nichts Besonderes, die Eltern behandeln ihn wie andere Menschen auch. Definitionsmacht als Einflußnahme aufgrund persönlicher Interessen zu identifizieren ist schwierig, da der Ausübende als Dolmetscher der Dinge und Menschen, wie sie sind, auftritt und daher nicht ohne weiteres als Handelnder in eigener Sache dingfest gemacht werden kann.

Soziale Macht ist nicht nur in Personen zu lokalisieren, sondern auch im System selbst. „... Die Macht liegt weder beim einen noch beim anderen. Die Macht liegt in den Spielregeln, die sich in dem pragmatischen Zusammenspiel aller Beteiligten im Laufe der Zeit herausgebildet haben." (Selvini Palazzoli u. a. 1977, 15) Dynamisch zeigt sich das darin, daß die Beteiligten bestimmte Interaktionsmuster nicht verändern können, obwohl sie dies wünschen. Sie werden von den Regeln beherrscht, statt sie zu beherrschen. Ein Beispiel dafür ist die komplementäre Fixierung zweier Partner (vgl. Watzlawick u. a. 1972, 104). Diese kann eintreten, wenn sich zwei Partner in ihren Rollen gegenseitig ergänzen, das Zusammenspiel also auf Verschiedenheit der Partner beruht. In komplementärer Beziehung stehen etwa Eltern, die ein Kind anleiten, und das Kind, das die Führung benötigt, oder Ehepartner, die sich dadurch ergänzen, daß der eine spontan, aus dem Augenblick heraus lebt, kontaktfreudig und expansiv ist, und der andere eher überlegend, ruhig und zurückhaltend agiert. In der komplementären Fixierung treiben sich die Beteiligten gegenseitig so weit in ihre Ergänzungsrollen hinein, daß sie das Beziehungsmuster aus eigener Kraft nicht mehr verändern können. Diese Macht, die aus dem Beziehungssystem zwischen den Menschen kommt, kann man in Anlehnung an Galtung (1980) als *strukturelle Macht* bezeichnen. Allerdings hat er sich nur auf negativ bewertete Macht, die strukturelle Gewalt, bezogen.

Zwischenmenschliche Beziehungen sind immer im Fluß. Die Angehörigen eines Systems entwickeln sich persönlich weiter, neue Mitglieder stoßen zu einer Gemeinschaft hinzu, die Außensituation verändert sich. Es ist abzusehen, daß ein bewährtes Regelsystem zu einem bestimmten Zeitpunkt der inneren und äußeren Situation einer Gemeinschaft nicht mehr gerecht werden kann. Die sozialen Rollen müssen also immer wieder in einem Anpassungsprozeß an die inneren und äußeren Verhältnisse verändert werden. Sonst verwandelt die Wohltat der Ordnung, die in einer gemeinsamen Sinnerfüllung liegt, sich in das Übel erstarrter Strukturen, die die Entfaltung der Menschen behindern und einer sinnvollen Gestaltung der Beziehung im Wege stehen. Die sozialen Rollen bringen dann vermehrt Konflikte hervor, anstatt zu ihrer Lösung beizutragen. Soziale Systeme sind also *Anpassungsformen auf Zeit*. Wie biologische Organismen durchlaufen auch soziale Organisationen verschiedene Entwicklungsphasen. Zeiten der Stabilität, in denen eine bestimmte Ordnung und Machtkonstellation regiert, wechseln sich ab mit Phasen, in denen Ziele, Anschauungen und Beziehungsregeln revidiert werden müssen. Dies sind Phasen, in denen das System labil und von der Auflösung bedroht ist, aber auch die Chance erhält, sich an veränderte Lebensbedingungen besser anzupassen. Familie Z. (vgl. S. x) befindet sich beispielsweise in einer solchen Phase, die umso krisenhafter verläuft, je größer die Belastungen und je geringer die Ressourcen sind.

Im Hinblick auf die Familie haben die Soziologen typische Entwicklungsphasen herausgestellt, die in jeder Kultur anzutreffen sind. Die Übergänge zwischen diesen Phasen sind Zonen der Labilisierung des familiären Rollensystems, das Zusammenleben muß in diesen Zeitabschnitten neu organisiert werden. Es werden folgende Phasen unterschieden (vgl. Mühlfeld 1982, 98 ff., Oswald/Müllensiefen 1986, Bundeszentrale für politische Bildung 85, 6/7): Die *Planungsphase*, in der ein Paar sich entschließt zu heiraten und Kinder zu bekommen; die Phase, die durch *Versorgung* und *Erziehung der Kinder* gekennzeichnet ist, unterteilt in die Zeit mit kleinen Kindern, Schulkindern und heranwachsenden Kindern; schließlich die *Kontraktionsphase*, in der die Kinder das Haus verlassen und sich die Familie auf den Kern der beiden Eltern zurückbildet.

Die Phasenzeiten haben sich heute im Vergleich zum Ende des vorigen Jahrhunderts beträchtlich verschoben; ein Beispiel dafür, wie sich durch gesellschaftlichen Wandel auch die Familienverhältnisse verändern. „Zwischen 1870 und 1899 wurde das letzte Kind im Durchschnitt kurz vor dem vierzigsten Lebensjahr der Mutter geboren, so daß die Mutter bei der Pubertät des letztgeborenen Kindes im Durchschnitt 55 – 60 Jahre alt war. Dagegen . . . (findet) nun die Geburt des letztgeborenen Kindes in der Regel etwa im Alter von dreißig Jahren (statt), so daß die Mutter bei der Pubertät des letztgeborenen Kindes etwa 45 Jahre alt ist. Parallel zum Absinken des Alters der Mutter bei der Geburt des letztgeborenen Kindes stieg die Lebenserwartung der Frau, so daß es heute im Leben der Frau Jahre gibt, die noch zu Beginn des Jahrhunderts nicht vorhanden waren" (Bertram 1986, 90, siehe auch R. u. K. Setzen 1978, 121). Nimmt man hinzu, daß auch die Lebenserwartung des Mannes gestiegen ist, so ergibt sich daraus eine beträchtliche Verlängerung der Altersphase einer Familie. Viele Eltern haben, nachdem die Kinder aus dem Haus sind, ein zweites Leben als kinderloses Ehepaar vor sich.

Veränderungen erster und zweiter Ordnung

Um neue innere und äußere Situationen zu bewältigen, kann sich ein System mehr oder weniger tiefgreifend verändern. In Anpassungsreaktionen der ersten Ordnung wird das vorhandene Rollengefüge durch die Veränderungen nicht angegriffen: gegebene Machtverhältnisse werden nicht umgeworfen, Prinzipien der Arbeitsteilung nicht neu gestaltet, die Proportionen, nach denen Rechte und Pflichten verteilt sind, nicht wesentlich verändert, das Selbstverständnis der Angehörigen einer Gemeinschaft nicht angetastet. In Lösungen erster Ordnung versucht man die Schwierigkeiten, unter denen man leidet, zu verändern, nicht die Regelungen, die sie hervorbringen. Man kuriert an den Symtomen. In einer Anpassung erster Ordnung verzichtet beispielsweise ein Ehemann darauf, jeden Mittag eine volle Mahlzeit von seiner Frau vorgesetzt zu bekommen, nimmt mit einfacheren Speisen vorlieb und ißt außerdem zwei Mal pro Woche außer Haus. Er hat seine Ansprüche heruntergeschraubt, um seine Frau zu entlasten, die zwei Kleinkinder zu versorgen hat. Durch diese Art der Rücksichtnahme wird das grundsätzliche Prinzip der Arbeitsverteilung in dieser Ehe nicht verändert, im Gegenteil, das Rollengefüge wird noch stabilisiert. Ebenso ist dies der Fall, wenn erste Trennungsschwierigkeiten eines Kindes, die auftreten, wenn es in den Kindergarten gehen soll, folgendermaßen gelöst werden: die Eltern behalten es noch ein Jahr zu Hause, um den „glücklichen Umstand" zu nutzen, daß es dann zusammen mit der um ein Jahr jüngeren Schwester in den Kindergarten kommt.
Konfliktlösungen zweiter Ordnung greifen die Regelungsprinzipien an (vgl. Watzlawick u. a. 1974, 103 ff.). Während wir bei der Problemlösung erster Ordnung fragen, wie wir die Schwierigkeiten beseitigen können, lautet die Fragestellung zur Veränderung zweiter Ordnung: Aufgrund welcher Beziehungsregeln und mit ihnen verbundener Motive und Anschauungen entstehen die Schwierigkeiten? Wir analysieren das Rollengefüge, das die Probleme hervorbringt. In unseren Bemühungen, die Situation zu verbessern, gehen wir also einen Schritt weiter und behandeln die aktuellen Schwierigkeiten als Ausdruck ungünstig gestalteter Umgangsformen und Konfliktlö-

sungsmuster. In der Anpassung zweiter Ordnung werden soziale Rollen neu definiert.

Es wird z. B. die in einer Familie geltende Meinung, Hausarbeit ist Frauenarbeit, in Frage gestellt, es wird mit den Eltern darüber gesprochen, ob die Trennungsängste des Kindes nicht auch mit ihren Schwierigkeiten, Nähe aufzugeben, zu tun haben. Statt mit einem Kind, das aus der Schule schlechte Noten nach Hause bringt, mehr zu üben, wird in einer Veränderung zweiter Ordnung zunächst einmal das Verhältnis der Eltern und Kinder zum Thema Leistung problematisiert. Es kann dabei deutlich werden, daß die Eltern auf ihre Kinder einen außerordentlichen Leistungsdruck ausüben, weil sie sich z. B. selber hochgearbeitet haben und wollen, daß die Kinder diesen Status halten, oder weil die Eltern sich selbst als erfolglos einstufen und nun die Kinder ersatzweise „ins Rennen" schicken. Die Kinder reagieren auf diesen Druck mit einer Leistungsblockade und sträuben sich gegen alles, was nach Lernen aussieht. Eine Lösung erster Ordnung – mehr üben – würde das dysfunktionale System noch verstärken. Der Stellenwert, den die Kinder und ihre Schulerfolge im Leben der Eltern haben, muß relativiert werden. Ein Ziel in diesem Zusammenhang wird sein, das Selbstwertgefühl der Eltern zu stärken und sie dahin zu bringen, den Sinn ihres Lebens weniger mit dem Erfolg der Kinder zu verbinden.

Durch Veränderungen zweiter Ordnung wird das System neu strukturiert oder *umstrukturiert*. Durch Konfliktlösungen erster Ordnung werden Systeme *modifiziert*. Ihre Struktur bleibt in den Grundmustern sozialen Verhaltens und den Sinnbestimmungen unverändert.

Konfliktlösungen zweiter Ordnung sind nicht von vornherein die Konfliktlösungen der Wahl. Denn nicht immer sind grundsätzliche Veränderungen der Beziehungsverhältnisse nötig. Außerdem sind die Bedingungen oft nicht so, daß sie eine Veränderung zweiter Ordnung zulassen. In solchen Fällen sollte man sich vergegenwärtigen, daß auch mit symptomatischen Besserungen viel menschliches Leid aus der Welt geschafft wird.

Zu jedem Zeitpunkt spielen sich in einem System Prozesse ab, die auf eine Veränderung hinarbeiten, und gegenläufige Vorgänge, die das vorhandene Rollengefüge stabilisieren. Soziale Macht wird für beides eingesetzt – das System zu bewahren oder einen Wandel herbeizuführen. Nach Quellen und Organisationsformen sozialer Macht können wir in einem System fünf Regelungsstufen unterscheiden: die personale, sozio-emotionale, rational-organisatorische, gesellschaftliche und die öko-systemische Regelung.

Bevor die Regelungsstufen zur Sprache kommen, wird zunächst einmal die systemische Auffassung sozialer Familienarbeit erläutert. Die Regelungsstufen sozialer Systeme werden dann nicht nur am Beispiel familiärer Beziehungen, sondern auch anhand der Interventionen in der sozialen Familienarbeit herausgestellt.

V Systemische Auffassung sozialer Familienarbeit

Als wir uns mit der Unterscheidung von Systemen und Subsystemen beschäftigt haben (Kapitel II), stellte sich heraus, daß in die vielschichtige Architektur gesellschaftlicher Wechselbeziehungen ganz unterschiedliche soziale Systeme eingezeichnet werden können. Je nach eigenem Standpunkt gliedern Beobachter das gleiche Areal zwischenmenschlicher Beziehungen anders auf. Die folgende *Definition sozialer Familienarbeit* beschreibt die Perspektive, die hier das Systembild familiärer Beziehungen bestimmt: Soziale Familienarbeit umfaßt alle Formen methodischen Handelns, die in der unmittelbaren persönlichen Zusammenarbeit mit der Familie realisiert werden. Ziel sozialer Familienarbeit ist es, die Funktionsfähigkeit einer Familie wieder herzustellen, zu erhalten und die Entwicklung familiärer Beziehungen zu fördern. Dabei wird in allen Formen angestrebt, bisher brachliegende Ressourcen in der Familie und ihrem Lebensraum zu aktivieren und zu nutzen.

Diese Definition rückt die einzelne Familie in den Mittelpunkt einer systemischen Darstellung sozialer Beziehungen. In dieser Optik breiten sich die Beziehungsnetze, vom Zentrum der Familie ausgehend, in den Lebensraum und von dort weiter in die großen gesellschaftlichen Subsysteme aus. Das nähere Umfeld der Familie ist von besonderem Interesse, weil soziale Familienarbeit primär in der unmittelbaren Begegnung mit den Familienmitgliedern geleistet wird; Partner sind die Familienangehörigen. Je mehr Zeit und Energie ein Familienberater für Kontakte in anderen Zusammenhängen aufwendet, etwa für Gespräche mit Vertretern sozialer Einrichtungen, um Fördergelder zu beschaffen und das Engagement für die Familie in der Gemeinde zu verstärken, je mehr er also mit anderen Partnern als den Familienangehörigen verhandelt, desto mehr wandelt sich seine Tätigkeit von der sozialen Familienarbeit zur Gemeinwesenarbeit bzw. zum sozialpolitischen Engagement für Familie auf kommunaler Ebene.

Interaktioneller und durchschnittlicher Lebensraum der Familie

Lebensraum der Familie ist jener Ausschnitt aus dem Ökosystem „Gesellschaft", in dem eine Familie wohnt. Er umfaßt jenes Revier, in dem sich Familienangehörige bewegen, wenn sie ihren alltäglichen Beschäftigungen und Verpflichtungen nachgehen, und in dem sie ihre Freizeit – abgesehen von besonderen Unternehmungen – verbringen.

Der *interaktionelle Lebensraum* der Familie wird durch die tatsächlichen Außenkontakte der Familienangehörigen aufgebaut. Der *durchschnittliche Lebensraum* wird von Außenstehenden definiert, etwa Stadtplanern, Architekten, Sozialarbeitern, Soziologen, die die Infrastruktur eines Wohngebietes beschreiben.

Im Bild durchschnittlicher Lebensräume wird dargestellt, welche Einrichtungen und persönliche Beziehungsnetze im Wohngebiet einer Familie vorhanden sind, z. B., wie die nachbarschaftlichen Beziehungen gestaltet sind, wieviele Einkaufsläden, Schulen, Kindergärten es gibt, ob die Anbindung an das Verkehrsnetz der Gemeinde gut oder schlecht ist. Es wird die Wohnqualität des Gebietes beschrieben: gibt es Spielplätze, Grünanlagen? Wie ist die Bebauung in diesem Viertel und in welchem Zustand sind die Häuser? Wie ist die Verkehrslage in diesem Gebiet, wird es z. B. von einer Straße, in der Durchgangsverkehr fließt, zerschnitten oder liegt es abseits der Verkehrsströme? Diese sozialen und materiellen Gegebenheiten gestalten die Lebensräume zu Ökosystemen, die es Familien leichter oder schwerer machen, ihre Funktionen zu erfüllen und befriedigende Formen des Zusammenlebens zu entwickeln. In reinen Einfamilienheim-Siedlungen sind beispielsweise häufig nicht nur die Grundstücke mit den Häusern parzelliert, sondern auch die interaktionellen Lebensräume. In einem reinen Wohngebiet dieser Art gibt es nur wenig Gelegenheit, nachbarliche Kontakte zu knüpfen. Anders ist dies in einem Stadtviertel, in dem es erschwingliche Mietwohnungen gibt, das überschaubar erbaut ist und in dem alle Einkaufsmöglichkeiten vorhanden sind. Ein solches Lebensfeld fördert den Aufbau familiärer Beziehungsnetze. Anders als anonyme Betonwüsten und heruntergekommene Wohnviertel vermittelt dieser durchschnittliche Lebensraum anstelle von Aggressivität und Resignation eine positve Lebensgrundstimmung.

Umfang und Qualität des durchschnittlichen Lebensfeldes einer Familie und ihres interaktionellen Lebensraumes können beträchtlich

voneinander abweichen. Im Wohngebiet können vielfältige Einrichtungen vorhanden sein, die eine Familie unterstützen. Auch die nachbarlichen Beziehungen mögen im Durchschnitt vielfältig und tragfähig sein. Trotzdem leben hier Familien, deren interaktioneller Lebensraum begrenzt und arm an Ressourcen ist. Denken wir etwa an Alleinerziehende, die ihre Kinder in Ganztageseinrichtungen unterbringen, damit sie den Unterhalt verdienen können, und die in ihrer Freizeit nicht mehr die Energie und den Mut aufbringen, die Bekanntschaft anderer Menschen zu suchen. Oder denken wir an die vollständige Familie, die von Arbeitslosigkeit der Eltern betroffen ist, so daß sie außerordentlich sparsam wirtschaften muß. Beiträge für die Mitgliedschaft in einem Verein oder Mehrausgaben, um in den etwas teureren Einzelhandelsgeschäften im Wohnviertel einzukaufen, sind unerschwinglich. Da sich die Eltern ihrer Armut schämen, vermeiden sie nach Möglichkeit Begegnungen am Wohnort. So versäumen sie, ihre Kinder rechtzeitig beim Kindergarten anzumelden und bekommen keinen Kindergartenplatz. Sie lassen sich auch nicht bei Elternabenden oder Sprechstunden in der Schule sehen, wo sie mit den Lehrern über schulische Probleme ihrer Kinder sprechen könnten. Innerhalb eines durchschnittlich reich ausgestatteten, familienfreundlichen Lebensraumes existiert diese Familie in einem interaktionellen Lebensfeld des Mangels. Umgekehrt kann der interaktionelle Lebensraum reichhaltiger gestaltet sein und weniger Barrieren enthalten, als dies aufgrund der durchschnittlichen Lebensverhältnisse im Wohngebiet zu erwarten wäre. Familien haben sich beispielsweise zusammengetan, um den Ausfall von Dienstleistungen im Wohnviertel auszugleichen. Da es keinen Hort gibt, nehmen sich die Mütter gegenseitig die Kinder ab, damit reihum jeder einmal einen freien Nachmittag hat. Sind Familien finanziell besser gestellt, können sie eine Erzieherin bezahlen und so für die Kleinkinder eine Krabbelstube einrichten oder für die Schulkinder Hausaufgabenhilfe organisieren.
Die Gestaltungskraft von Familien ist allerdings begrenzt. Nur Familien, die über persönliche Stärken und finanzielle Ressourcen verfügen, sind in der Lage, in einem familienfeindlichen Lebensfeld einen stützenden interaktionellen Lebenraum einzurichten. Unterprivilegierte Familien, die über solche Ressourcen nicht verfügen, können nicht auf öffentlich finanzierte, familienersetzende und -ergänzende Einrichtungen verzichten. Nach dem Prinzip der Subsidiarität, also des Vorranges der engeren sozialen Systeme gegenüber den umfassenderen, darf der Staat nur dort soziale Verantwortung abgeben, wo

in den kleineren Systemen, etwa Familien oder Vereinen, auch persönliche und wirtschaftliche Ressourcen vorhanden sind.
Dem Zweck der sozialen Familienarbeit entspricht es, im Lebensfeld jene Subsysteme hervorzuheben, die der Familie soziale und materielle Unterstützung zukommen lassen. In Anlehnung an Pearlin und Badura (Landesfamilienrat Baden-Württemberg 1983, 173) unterscheiden wir *primäre* und *sekundäre*, d. h. institutionalisierte *Systeme sozialer Unterstützung*. Zu den primären Gruppierungen gehört die Familie selbst, der weitere Kreis der Verwandtschaft, die Freunde und Bekannten der Familienangehörigen, Clubs und Vereine sowie die Nachbarschaft. Zu den sekundären Subsystemen zählen formal organisierte Einrichtungen, z. B. die Pfarrgemeinde, Kindergärten, Schulen, Arbeitsstellen, Arztpraxen, Sozialstationen, Außenstellen von Sozial- und Jugendämtern.
Die Subsysteme der Gesellschaft vervollständigen in groben Zügen die soziale Landkarte, auf der das Wirkungsfeld sozialer Familienarbeit eingezeichnet ist (Abb. 4). Die Bedingungen im gesellschaftlichen Feld werden besonders durch die regionale Zielorientierung und Leistungsfähigkeit dieser Subsysteme gestaltet. Daher wird die Kommune als das engere soziale System, in welches der Lebensraum der Familie eingebettet ist, herausgehoben.

Abbildung 4

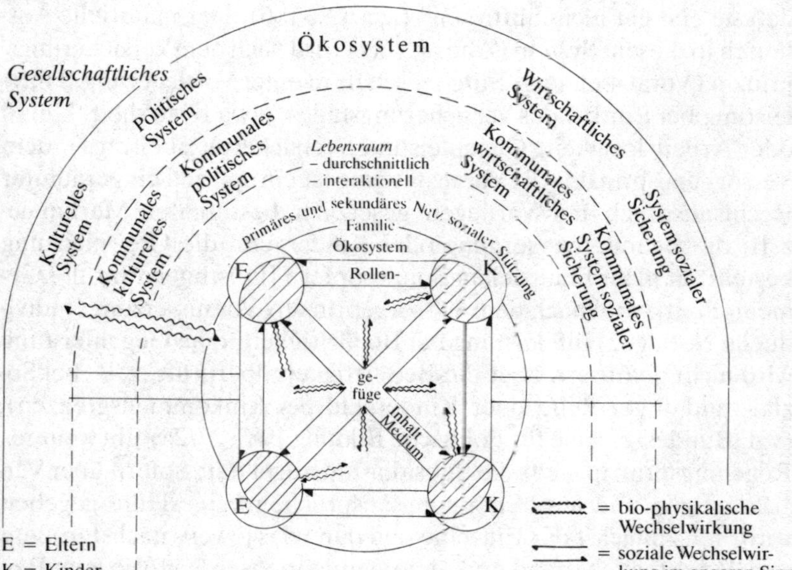

Im Gesamtsystem der Bundesrepublik Deutschland können wir vier große *gesellschaftliche Subsysteme* aufweisen (vgl. Schäfers 1985):

– das kulturelle System, ausgestaltet im Bildungswesen, in den Religionsgemeinschaften, Institutionen der Wissenschaft und Kunst und den öffentlichen Kommunikationsmedien (Presse, Rundfunk, Fernsehen);

– das ökonomische System, gekennzeichnet durch die besondere Bedeutung der Arbeit, das Prinzip der Arbeitsteilung, privates Eigentum und Eigentum an Produktionsmitteln, den Wettbewerb und das Leistungsprinzip sowie die freie Marktordnung, die vorsieht, daß sich das Angebot von Waren und der Verbrauch, Preis und Nachfrage in einem zirkulären Wechselspiel selbst reguliert;

– das politische System, getragen durch die Regierung, die Bundes- und Länderparlamente, die Verwaltung, die politischen Parteien und Interessenverbände, zum Beispiel Wirtschafts- und soziale Verbände;

– ein Subsystem sozialer Sicherheit, dessen Sinn es ist, Menschen, die von Armut, Krankheit, Arbeitslosigkeit und anderen existentiellen Notlagen betroffen sind, Hilfe zu geben und gegen solche Notlagen Vorsorge zu treffen. Aus der Wechselbeziehung dieses Subsystems mit dem politischen geht die Sozialpolitik hervor, deren Ziel sein soll, „die im gesellschaftlichen Prozeß sich ständig neu ergebenden sozialen Ungleichheit zu beseitigen bzw. . . . Vorsorge zu treffen, daß sie erst gar nicht auftreten" (a. a. O., 186). Der materielle Austausch in diesem System (Abb. 4 S. xx) wird nach dem Versicherungsprinzip (Voraussetzung: Mitgliedschaft in einer Versicherung, Hilfeleistung bei Eintritt des Versicherungsfalles, etwa Krankheit, Unfall oder Arbeitslosigkeit, Gegenleistung: Versicherungsbeiträge), dem Versorgungsprinzip (die Voraussetzung ist ein speziell eingeräumter Rechtsanspruch bei Vorliegen gesetzlich bestimmter Merkmale, z. B. die Beamtenversorgung oder Kindergeld, die Gegenleistung besteht, in nicht finanziellen Sonderopfern [Leistungen für die Gemeinschaft]) und nach dem Fürsorgeprinzip (Voraussetzung: individuelle Notlage, Hilfeleistung bei Bedürftigkeit, eine Gegenleistung wird nicht gefordert, aber die Bedürftigkeit überprüft, z. B. bei Sozial- und Jugendhilfe oder Kindergeld bei Einkommensgrenzen). (vgl. Bundeszentrale für Politische Bildung 1987, 27/28) Ein weiteres Regelungsprinzip stellt die Subsidiaritätsregel dar: Sofern über Versicherungen und aus Versorgungsansprüchen keine Hilfe gegeben wird, soll zunächst der Einzelne und dann das jeweils nächstgrößere soziale System „helfend und fürsorgend tätig werden: also zum Bei-

spiel die Familie, dann die Verwandschaft, gegebenenfalls die Nachbarschaft, dann die kommunalen und kirchlich-caritativen Einrichtungen, schließlich die staatlichen Organisationen". (Schäfers 1985, 195)
Das vollständige Erscheinungsbild des gesellschaftlichen Systems haben wir im Ökosystem des Nationalstaates vor uns. Er schließt die natürliche Basis des gesellschaftlichen Systems mit ein, das Staatsgebiet, die geographische und klimatische Zone, in dem eine Gesellschaft lebt.

Konzepte sozialer Familienarbeit beschreiben soziale Rollen

Handlungskonzepte sozialer Familienarbeit sind nichts anderes als Drehbücher zu speziellen Rollen im Familiensystem. Daß in der methodischen Begriffsbildung für die Rollenkomponenten andere Ausdrücke verwendet werden als in der Sozialpsychologie, darf uns nicht irritieren. Die Interventionstechniken und Handlungsstrategien, die in einem Konzept dargestellt sind, beschreiben die Verhaltensmuster des Rolleninhabers. Das Bild der Familie, das sein Rollenverhalten leitet, sind in der Familiendiagnose niedergelegt. Die Motive (Interessen, Bedürfnisse, Werte), die ihn bestimmen sollten, werden in den methodischen Zielen aufgewiesen.
Nach dem Prinzip der Rollenkomplementarität wird mit jeder sozialen Rolle ebenso eine zugehörige Gegenrolle definiert. Auch für die methodischen Handlungskonzepte gilt dieses Prinzip. Zu jeder Interventionstrategie sind entsprechende Verhaltensweisen der Adressaten vorgesehen. Jedes Konzept sozialer Familienarbeit bezieht sich ausdrücklich oder implizit auf bestimmte Familien und typische Szenen des Zusammenlebens in der Familie. Die Ich-Definition in der Rolle Familienberater legt auch Du-Definitionen, die er den Familienangehörigen entgegenbringt, fest. In den Handlungskonzepten sozialer Familienarbeit – man kann sie als formalisierte Rollenbeschreibungen auffassen – wird nicht nur der geeignete Familienberater beschrieben, sondern auch der wünschenswerte Klient. Sieht eine Methode vor, daß der Familienberater sich hauptsächlich auf persönliche Konflikte in der Familie konzentriert, so wird von den Familienangehörigen gefordert, sich auf Gespräche über emotional geladene Konflikte einzulassen. Ist ein Konzept nur anwendbar, wenn alle Familienmitglieder regelmäßig beteiligt sind, so erfordert dies eine Familie, die bereit und in der Lage ist, dieses Arbeitsarrange-

ment einzuhalten. In der Komplementarität sozialer Rollen liegt ein kritischer Punkt der professionellen Hilfe: die damit gegebenen Ich-Du-Definitionen können die Selbsthilfekräfte des Adressaten schwächen. Denn in der Gegenrolle zum professionellen Helfer werden die Menschen zu Klienten oder – wenn er als Therapeut auftritt – zum Patienten. Solche Du-Definitionen sind nicht dazu angetan, die Betroffenen zu ermutigen, ihre eigene Sache selbst in die Hand zu nehmen.
Jedes Handlungskonzept muß in ein konkretes Beziehungsgefüge umgesetzt werden. Es gelten die Aussagen der interaktionellen Rollentheorie (Krappmann 1979, vgl. Kapitel IV). In den Handlungskonzepten wird ein versuchsweiser Konsens von Fachleuten niedergelegt, wie eine soziale Rolle zu gestalten ist, deren Sinn darin liegt, mit Familienangehörigen zusammenzuarbeiten, um ihre Beziehungen zu verbessern und weiterzuentwickeln. Endgültige Gestalt nimmt die Rolle erst in der persönlichen Zusammenarbeit zwischen Familienberater und Familienangehörigen an. Ein Konzept ist nur dann nützlich, wenn der Berater in der Lage ist, es situationsangemessen zu interpretieren. Nicht umsonst wird in allen Handlungskonzepten betont, daß die Persönlichkeit des Beraters oder Erziehers ein Instrument seiner Arbeit ist, daß er belastungsfähig, einfühlsam und flexibel sein sollte. Im interaktionellen Rollenkonzept können wir dies mit Krappmann (a. a. O. 173) so formulieren: Wer soziale Arbeit leistet, sollte über Rollendistanz verfügen, das heißt die Fähigkeit, sein Arbeitskonzept zu reflektieren und neue Gesichtspunkte zu berücksichtigen; er sollte Ambiguitätstoleranz aufweisen, also mehrdeutige und unsichere Situationen aushalten können und Diskrepanzen zwischen seinen Zielen und denen der Klienten ertragen und in seiner Planung berücksichtigen.
Die verschiedenen Formen sozialer Familienarbeit beschreiben typische Beraterrollen in Familien. Im folgenden werden die Verhaltensmuster, die zu diesen Rollen von Familienberatern gehören, als *Arbeitsweisen* bezeichnet, das Familienbild, das zur Beraterrolle gehört, als *Auffassung familiärer Problemsituationen*. Zusammen mit den methodischen Zielsetzungen ergibt sie den *Sinn* der jeweiligen Rolle.
Die Auffassung familiärer Problemsituationen ist nicht nur in der Familiendiagnose gegeben, sondern auch in den Beschreibungen des Problemfeldes, für das eine Arbeitsform entwickelt wurde. Konkret manifestiert sich dieser Aspekt in den Anlässen, bei denen bestimmte Arbeitsformen eingesetzt werden.

Familienbildung und Familienhilfe als Grundformen sozialer Familienarbeit

Soziale Familienarbeit soll dazu beitragen, daß die Angehörigen das Zusammenleben in der Familie und die Außenkontakte sinnvoll gestalten. Was sinnvolle Gestaltung bedeutet, ist in den Funktionen, die eine Familie erfüllen soll, ausgesagt (vgl. Kapitel I). Je nach familiärer Lebenssituation können bestimmte Themen im Vordergrund stehen, etwa die Frage der Eltern, wie sie ihre partnerschaftlichen Beziehungen lebendiger gestalten könnten, oder unterschiedliche Wertauffassungen in Erziehungsfragen, Bewältigung finanzieller Engpässe, Neuverteilung der Lasten, nachdem ein Familienmitglied auf Dauer pflegebedürftig wurde. Überblickt man die Rollen, die ein Berater in Familien einnimmt, um ihnen in solchen Fragen weiterzuhelfen, dann findet man Varianten zweier Grundtypen: der Familienberater als *Familienbildner* oder *-erzieher* und als *Familienhelfer* in Notsituationen. Diese beiden Rollen verkörpern die Grundformen sozialer Familienarbeit.

Das Leitziel der *Familienhilfe* wird nicht nur dadurch erreicht, daß der Familienberater auf den Plan tritt, wenn sich familiäre Schwierigkeiten eingestellt haben. Zur Familienhilfe gehört auch die Arbeit im Vorfeld, um familiäre Notlagen zu verhindern (primäre Prävention), und ebenso die Nachsorge mit dem Ziel, Erreichtes zu stabilisieren und neue Störungen der familiären Beziehungen schon im Keim zu erkennen und anzugehen.

In der *Familienbildung* ist die Tätigkeit des Familienberaters vor allem darauf ausgerichtet, den Familien Anregungen für eine effektivere, sinnvollere und befriedigendere Gestaltung ihres Zusammenlebens zu geben. Zu diesem Zweck bietet der Familienberater z. B. Familienfreizeiten an, Spielgruppen für Eltern und Kinder, betätigt er sich in thematischen Veranstaltungen auch als Erwachsenenbildner für Eltern.

Auch in der Familienbildung befaßt sich der Familienberater mit Störungen und Notsituationen in der Familie. Überhaupt stellen wir fest, daß in der Familienbildung wie in der Familienhilfe dieselben *vier Unterziele* angestrebt werden: (1) Ressourcen aktivieren und funktionale Beziehungen stützen und weiterentwickeln; (2) dysfunktionale Beziehungsmuster beseitigen; (3) Defizite im familiären System durch vorübergehenden Ersatz – durch Substitution – ausgleichen, z. B. durch Erziehungsbeistände, Pflegefamilien oder Familienhelfer; (4) Informieren und aufklären z. B. in Fragen der Fami-

lienplanung, über Möglichkeiten finanzieller Beihilfen, in Rechtsfragen.
Die Unterscheidung zwischen der Rolle des Familienhelfers und des Familienbildners wäre hinfällig, wenn man sich nur an die Tatsachen hielte, obe ein Ziel vorkommt oder nicht. Die Ziele stehen aber nicht isoliert nebeneinander, sondern verbinden sich zu *Ziel-Mittel-Ketten*, die sich an den Leitzielen ausrichten. Die Ziel-Mittel-Kette beschreibt eine hierarchische Ordnung der Ziele (Scott 1986, 112/113). Die engeren oder untergeordneten Zielsetzungen konkretisieren die allgemeineren, übergeordneten Ziele. Untergeordnete Zielsetzungen stellen Mittel dar, um die übergeordneten zu erreichen. Jedes Ziel in der Ziel-Mittel-Kette steht in zwei Beziehungsverhältnissen und hat entsprechend zwei Funktionen. Für die unter ihm angeordneten Zwecke bildet es ein Ziel, den übergeordneten dient es als Mittel. In der Ziel-Mittel-Hierarchie stellen die Ziele Kriterien dar, anhand derer entschieden wird, welche von verschiedenen Interventionsmöglichkeiten jeweils in einer Situation praktiziert wird (a. a. O., 348). Das Ziel an der Spitze, das Leitziel, bestimmt die Gewichtung aller Unterziele.
Dieselben Unterziele verbinden sich in der Familienbildung zu anderen Ziel-Mittel-Ketten als in der Familienhilfe. Arbeitsformen können wir deshalb nicht an Ausschnitten, die in Einzelzielen gegeben sind, sondern nur an der Abfolge und der Gewichtung der Ziele identifizieren. Wir erkennen sie erst, wenn wir Handlungskonzepte im Zusammenhang erfassen oder über eine längere Zeitstrecke die Entscheidungen eines Familienberaters verfolgen. Immer wieder wird im Laufe des Arbeitsprozesses an den Weichenstellungen das Leitziel deutlich. Beispielsweise werden in der Familienbildung wie -hilfe Rollenspiele eingesetzt, um bestimmte Szenen des Familienlebens zu vergegenwärtigen. In einer Elterngruppe, die das Thema Konfliktgespräche im Rahmen von Familienbildung behandelt, wird der Berater in dem Augenblick mäßigend in ein Rollenspiel eingreifen, in dem ein Paar zu intensiv in die Darstellung eigener Konflikte hineinkommt und dadurch die gemeinsame Arbeit am Thema blockiert. Findet die Elterngruppe dagegen im Rahmen von Familienhilfe statt und dient sie der therapeutischen Selbsterfahrung, so wird er die Intensivierung des Rollenspiels nicht hemmen, sondern im Gegenteil fördern.
Die Unterschiede zwischen beiden Grundformen sozialer Familienarbeit bilden sich aus, weil soziale Familienarbeit einmal unter dem Anspruch steht, möglichst schnell und effektiv persönliche und ma-

terielle Nöte einer Familie zu lindern, zum anderen auch geleistet wird, um vorrangig zur Entfaltung der Persönlichkeit und zur Weiterentwicklung familiärer Beziehungen beizutragen. In der Rolle des Familienbildners steht der Berater nicht unter dem persönlichen und sozialen Druck, bestimmte familiäre Notsituationen möglichst schnell beheben oder mindestens mildern zu müssen.

VI Regelungsstufen sozialer Systeme – Interventionsebenen in der Familie

Soziale Familienarbeit schaltet sich – ob als Bildung oder als Hilfe – in das Wechselspiel zwischen systemverändernden und systemerhaltenden Kräften ein. In den Regelungsstufen sehen wir unterschiedliche Quellen und Organisationsformen sozialer Macht. Sie prägen jede Rolle eines Systems in unterschiedlichem Maße und verleihen ihr so ein eigenes *Machtprofil* (Schema, vgl auch Kapitel IV):

Machtprofil sozialer Rollen

Art der Macht

	– körperliche	
	– verbale	
	– materielle	
Inwieweit wird	– Informations-	– Macht ausgeübt, und
	– Sanktions-	
	– Definitions-	
	– strukturelle	

Regelungsstrufen der Macht

	– psycho-somatisch	
	– sozio-emotional	
wie ist sie	– rational-organisatorisch	– organisiert?
	– gesellschaftliche	
	– ökosystemisch	

Augenfällig manifestieren sich die Regelungsstufen, wenn in einer Gemeinschaft Konflikte um die Veränderung von Verhaltensregeln, die Neuverteilung von Rechten und Pflichten, kurz: zur Veränderung des Rollengefüges, ausgetragen werden.

Es werden fünf Stufen unterschieden: die personale, die sozio-emotionale, die rational-organisatorische, die gesellschaftliche und die ökosystemische. Unser Bild sozialer Systeme wird also noch einmal differenziert. Abbildung 5 zeigt dies am Beispiel der Familie.

Die Regelungsstufen sind hierarchisch aufeinander bezogen. Regelungsstufen, d. h. Formen der Einflußnahme, die für die Anpassung

Abbildung 5

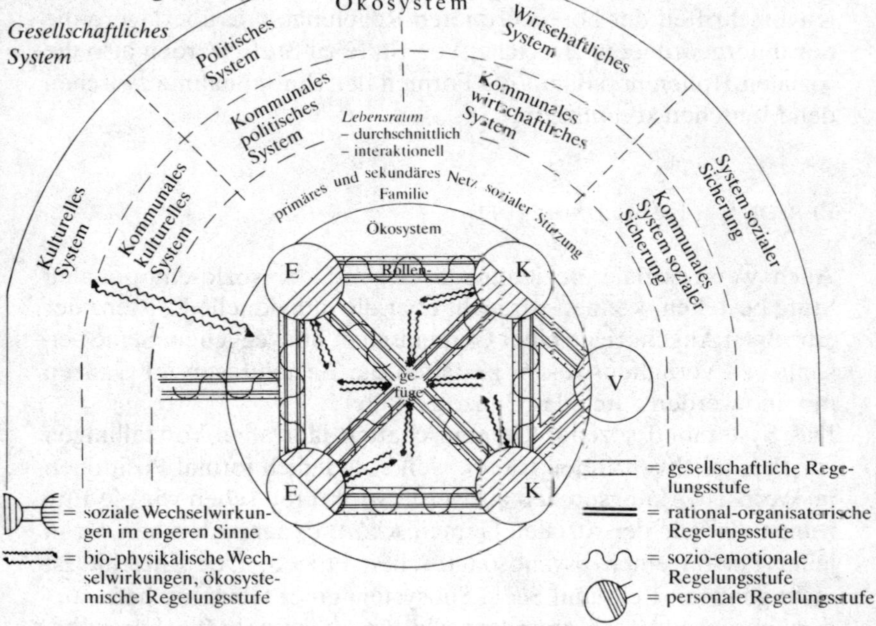

in kleinen Gruppen angemessen sind, erweisen sich als unzureichend, wenn größere und komplexere Organisationen aufgebaut und stabilisiert werden sollen. Machtformen, die einer höheren Regelungsstufe zugeordnet werden, sind gegenüber untergeordneten eher geeignet, das Zusammenleben in größeren Gemeinschaften zu regeln. Wir kommen so zu folgender Rangordnung:

– Die personale Regelungsstufe repräsentiert das Individuum als Basis der sozialen Gemeinschaften.

– Die sozio-emotional geregelten Rollengefüge gestalten die Beziehungen in kleineren überschaubaren Gruppen.

– Rational-organisatorische Regelungsformen ermöglichen das Zusammenwirken der Menschen in größeren Gemeinschaften.

– Die gesellschaftliche Regelung gestaltet das Verhältnis organisationsübergreifend.

– Die ökosystemische Regelungsstufe steuert Gesellschaften und Massen durch die Gestaltung ihrer bio-physikalischen Umwelt.

Wie alle Phänomene in sozialen Systemen weisen auch die Regelungsstufen eine strukturell-dynamische Doppelgestalt auf. Sie bezeichnen sowohl Beziehungsprozesse als auch Systembereiche. Ebenso gilt das Prinzip der Zirkularität, die verschiedenen Formen der Einflußnahme durchdringen und überformen einander. Die Rollenvorschriften der übergeordneten Regelungsstufe überlagern die der untergeordneten Bereiche. Von Stufe zu Stufe werden also die sozialen Rollen und damit die Formen der Einflußnahme zwischen den Menschen komplizierter.

Personale Regelungsstufe

Auch wenn soziale Beziehungen erst auf der sozio-emotionalen Stufe bestehen, können wir nicht über die individuelle Existenz der einzelnen Angehörigen einer Gemeinschaft hinweggehen. Seine persönlichen Verhaltensweisen gestalten die Beziehungen im Ganzen mit und werden durch das Ganze gestaltet.

Das Systembild sozialer Gemeinschaften läßt allen Vorstellungen zur Persönlichkeit freien Raum, weil es lediglich formal Positionen im Wechselwirkungsprozeß ausweist. Strukturell sehen wir die Einzelnen als Teile der sozialen Gemeinschaft, dynamisch sehen wir in jeder Person einen psychosomatischen Prozeß. Der Einzelne ist nicht ganz mit Leib und Seele Subsystem einer Gemeinschaft, sondern nur insoweit, als er andere, die zur Gemeinschaft gehören, beeinflußt und selbst von ihnen beeinflußt wird. Selbst ein Säugling, der vom sozialen Uterus der Familie umfangen wird, entwickelt sich nach eigenen Gesetzen der Reifung. Die Familie kann zwar Reifungsprozesse fördern oder behindern, sie setzt aber nicht die Regeln, denen sie folgt.

Im Hinblick auf die Formen gegenseitiger Anpassung seien drei Dimensionen zur personalen Regelungsstufe herausgestellt. (vgl. Lukas 1984, 52)

Die körperliche Ebene: Jeder seelische Vorgang wird von körperlichen Prozessen begleitet, wie z.B. Ausschüttung von Hormonen, Aktivierung von Nervenzellen, Muskelanspannung oder -erschlaffung. Körperprozesse bestimmen die biologische Seite sozialer Rollen. Veränderungen in der körperlichen Dimension erfordern immer wieder eine Neubestimmung der Regeln des Zusammenlebens. Dabei denken wir nicht nur an Reifungs- oder Alterungsprozesse, sondern auch an Veränderungen durch Krankheiten oder Unfälle. Die Menschen passen sich aber auch körperlich an soziale Verhaltensmuster an. Über den Vorgang der Gewöhnung bestimmen z.B. die Ernährungsgewohnheiten in einer Familie, was Kindern schmeckt und was nicht. An den Händen sieht man, wer in der Familie die Haus-

arbeit verrichtet. Im Körperbild drücken sich Normen aus, etwa „sportlich sein" oder „ordentlich sein". Durch die Art und Weise, wie man in einer Familie körperlich miteinander umgeht, entwickelt sich entweder Behagen oder Unbehagen am Körperkontakt, Vertrautheit oder Angst im Bezug auf den eigenen Körper.
Durch die psychosomatischen Prozesse kommen sowohl progressive Prozesse in die Familie hinein, die auf Veränderung hinwirken, als auch homöostatische, die sich in körperlichen Widerständen gegen eine Veränderung von Beziehungsmustern zeigen.
Psychische Funktionsweisen, in denen sich der Mensch stark manipulierbar durch die Umgebung erweist: In der Lernpsychologie werden solche Fixierungen als konditionierte Wahrnehmungs-, Gefühls- und Denkabläufe beschrieben, die in entsprechende Verhaltensmuster münden. Psycho-dynamische Modelle zeigen auf, wie das Selbstbild und das Bild der anderen und der Umwelt durch die Rollen geformt wird und wie durch diese Repräsentanzen der Welt und des Selbst psychische Funktionen festgelegt werden. Diese psychischen Fixierungen sind Manifestationsformen sozialer Rollen in der Persönlichkeit des Einzelnen. In ihnen bilden sich die homöostatischen Kräfte des sozialen Systems auf der personalen Regelungsstufe aus.
Aber auch in den manipulierbaren seelischen Prozessen stoßen wir auf Veränderungsdynamik. Sie liegt in den Grenzen der passiven Anpassungsfähigkeit des Menschen. Die Bedürfnisse, Gefühle und Denkabläufe der Menschen sind nicht beliebig konditionierbar, so daß sie reibungslos am Regelsystem einer Gemeinschaft entlanggeführt werden können. Neugierde, Bewegungsdrang, sexuelle Bedürfnisse, Reifungsprozesse, die die Selbstentfaltung vorantreiben, wirken sozusagen subversiv, bringen immer wieder Spannungen in ein vorhandenes Rollensystem. Die Grenzen der Anpassung zeichnen sich nicht nur in den Konflikten, die offen zwischen den Menschen auftreten, deutlich ab, sondern auch in psychischen Störungen und körperlichen Krankheiten. Ein überfordertes Kind entwickelt z. B. Konzentrationsstörungen oder fängt, nachdem es altersgemäß trocken war, wieder an, einzunässen. Ein durch die Familie vernachlässigter oder ausgebeuteter Angehöriger kann Depressionen entwickeln, aggressiv oder süchtig werden. In den persönlichen Leiden einzelner Angehöriger eines Systems liegen also auch progressive Kräfte. Der Leidensdruck kann zu einer längst fälligen Änderung der geltenden Regelungen beitragen. Frau Z. (siehe S. x) ist ein Beispiel dafür. Sie hat bis zur köperlichen und seelischen Erschöpfung versucht, das Rollensystem einer möglichst autark funktionierenden

Familie aufrechtzuerhalten. Weder sie noch die Kinder können die Spannungen, die aus dieser Überforderung entstehen, durchhalten. Die Verhaltensstörungen der Kinder setzen längst notwendige Veränderungsprozesse in Gang.

Psychische Funktionsweisen, in denen sich der Mensch frei erweist gegenüber Normierung durch die Umwelt: Diese psychischen Prozesse werden auch als geistige Tätigkeit des Menschen bezeichnet. Sie manifestieren sich im Willen der einzelnen Personen, in ihren Fähigkeiten, bewußt zu denken und zu planen und Entscheidungen zu treffen, sie zeigen sich darin, daß der Einzelne imstande ist, sein Selbstbild und seine Weltanschauung zu reflektieren, den Sinn seines Lebens auch selbst zu bestimmen.

In diesen Funktionen stabilisiert ein Angehöriger das soziale System, indem er die Regelungen bewußt akzeptiert und verteidigt. Die passive Anpassung besteht hier in einer bewußten Übernahme sozialer Rollen. Natürlich kann die eigenständige Überprüfung der Verhältnisse auch zum gegenteiligen Ereignis kommen: Kampf gegen das vorhandene Rollengefüge. Das geistige Potential kann sowohl im Dienste der Homöostase wie der Veränderung stehen.

Auf der personalen Regelungsstufe werden die sozialen Rollen daraufhin betrachtet, wie sie in der Persönlichkeit verankert sind. In der sozialen Familienarbeit betrifft dies die familiären Rollen und die Rolle des Familienberaters. Um den Sinn der sozialen Rollen auf der personalen Ebene zu verstehen, fragen wir nach den *Zielsetzungen* des Einzelnen, d. h., welche besonderen Bedürfnisse leiten ihn, welche Interessen und Werte bestimmen sein Verhalten? Auch der Familienberater wird nicht nur im Hinblick auf die Interessen und Werte befragt, die aus seiner Arbeitskonzeption herstammen, sondern auch im Hinblick auf die Ziele, die mit seinen persönlichen Motiven zu tun haben. Denn wie alle wird auch der Berater in seinem Verhalten von seiner körperlichen Verfassung, seinen psychischen Fixierungen und persönlichen Entscheidungen mitbestimmt.

Die personale Regelstufe weist den Konzepten sozialer Familienarbeit auch Zielsetzungen zu, die sich auf einzelne Familienangehörige beziehen, z. B. das Selbstbewußtsein eines bestimmten Familienmitglieds zu stärken, gesundheitliche Fürsorge für eine Mutter oder für Kinder zu leisten.

Auch der zweite Bereich der Sinngebung, die Auffassung, die sich die Angehörigen des Systems von den einzelnen Personen – Ich-Du-Definitionen – und von ihrer Beziehung bilden, werden in gleicher Weise für die Familienangehörigen wie den Familienberater erkun-

det. Welches Selbstbild drückt sich im Verhalten der Familienmitglieder und des Familienberaters aus? Wie sieht der Familienberater seine beraterische Rolle im Familiensystem? Wie charakterisieren die einzelnen Familienangehörigen ihre Beziehung? An welchem Familienbild orientiert sich der Familienberater? Auf der personalen Systemebene beobachten wir, welche *Anpassungsstrategien* für die einzelnen Familienangehörigen typisch sind, z. B. in schwierigen Gesprächsphasen eher aktiv zu werden oder eher zurückhaltend und beobachtend zu reagieren, auf Kränkungen des Selbstwertes eher mit Aggressivität oder aber mit Rückzug und Niedergeschlagenheit zu antworten. Auch in diese Fragestellung wird der Familienberater mit einbezogen: wo liegen seine persönlichen Schwächen und Stärken? Kennt er seine persönlichen Reaktionsmuster, die mit seiner Familiengeschichte zusammenhängen? Wenn er etwa als der Älteste der Familie mütterliche Funktionen in der Erziehung jüngerer Geschwister übernommen hatte, so kann er auch in seiner Arbeit in Versuchung kommen, mehr als notwendig für andere zu denken und zu handeln. Mußte er sein Selbstwertgefühl in heftigen Machtkämpfen mit Geschwistern verteidigen, so kann sich dies in der Neigung fortsetzen, sich auch in der Familienarbeit in Machtkämpfe verwickeln zu lassen. Ein Familienberater plant nur dann realistisch, wenn er seine persönlichen Stärken und Schwächen in seine Arbeitskonzeption einbezieht.
Da Familienarbeit besonders auf die Ressourcen in der Familie setzt, werden körperliche, psychische und geistige Eigenheiten der Einzelnen, auch dort, wo sie problematisch erscheinen, daraufhin überprüft, ob sie für eine Verbesserung der familiären Situation genutzt werden könnten, oder einen Hinweis auf Stärken der Persönlichkeit geben.

Sozio-emotionale Regelungsstufe

Auf dieser ersten – primären – Stufe gegenseitiger Anpassung entwickeln sich die sozialen Rollen im gemeinsamen Handeln.
Sie modulieren die persönlichen Beziehungen und sind in das Beziehungserleben verwoben. Sie beruhen auf Machtmitteln, die aus den persönlichen Beziehungen geschöpft sind: körperliche Macht durch überlegene Geschicklichkeit, Stärke oder Attraktivität, Informationsmacht durch Wissensvorsprung, Definitionsmacht durch persönliche Glaubwürdigkeit für den anderen und bessere Argumentationsfähigkeit. Passive Anpassungsprozesse stehen in Zusammen-

hang mit Beeinflußbarkeit, Nachgiebigkeit, Opferbereitschaft gegenüber bestimmten Menschen und dem Bemühen, sich in sie einzufühlen. Rollendefinitionen, die an solche persönlichen Machtverhältnisse gebunden sind, ordnen wir der sozio-emotionalen Regelungsstufe zu.

Mit Bowlby (1984, 122) sehen wir in den Gefühlen der Menschen mehr als nur Empfindungsqualitäten, welche die Wahrnehmungen begleiten. Vielmehr ist für ein empfindsames Lebewesen das, was es fühlt, „eine Reflexion dessen, wie es die Welt und sich selbst einschätzt, wie es bestimmte Situationen bewertet und welche Verhaltensweisen von Zeit zu Zeit in ihm aktiviert werden. Mit anderen Worten: Das Fühlen stellt für das Objekt einen Überwachungsdienst für den Zustand seines Verhaltens (und seinen physiologischen Zustand) dar." Gefühle der Zufriedenheit in einer bestimmten Beziehung, des Ärgers oder der Freude über das eigene Verhalten und die Reaktion anderer sind also das Ergebnis psychosomatischer Bewertungsprozesse, in die alle Aspekte, die eine soziale Rolle bestimmen, eingehen: die Bedürfnislage und Wertvorstellungen eines Menschen, sein Selbstbild und die Erwartungen an den anderen. In den Gefühlen erlangen die sozialen Rollen persönliche Verbindlichkeit.

Zur Charakterisierung der Rollen auf der sozio-emotionalen Ebene können wir eine Unterscheidung von Moreno heranziehen (nach Leutz 1974, 48/49). Er unterscheidet zwischen somato-psychischen (oder biologischen) und psychischen Rollen. Somato-psychisch sind z. B. die Beziehungsmuster zwischen dem Kleinkind, das gesäugt wird, und der Mutter, die dem Kind die Brust gibt, zwischen den Eltern als Sexualpartnern, zwischen dem kranken Familienmitglied und jenen, die es pflegen. Die vergleichende Verhaltensforschung hat belegt, daß in persönlichen Begegnungen auch instinktive Kräfte am Werk sind, etwa in den Begrüßungsritualen, im Kampf um die Rangplätze innerhalb kleiner Gruppen, in der Bemutterung der Kinder oder den Flirts zwischen Mann und Frau (vgl. Eibl-Eibesfeld 1984).

Auch wenn die Familie biologisch durch Zeugung und Geburt der Kinder entsteht, sind es nicht die „Blutsbande", die die Kinder und Erwachsenen zu einer Familie verbinden. Mutterfunktionen übernimmt für ein Kind nicht unbedingt die Frau, die es geboren hat, sondern der Erwachsene, der im ersten Lebensjahr einen zuverlässigen, warmherzigen und einfühlsamen Kontakt mit dem Kind aufrecht erhält. Es zählt diese „faktische Elternschaft" (Hassenstein 1977) und nicht die biologische (vgl. auch Bowlby 1984).

Auf der sozio-emotionalen Stufe stellen sich Konflikte als Spannung zwischen individuell greifbaren Personen dar. Die Auseinandersetzungen werden von Angesicht zu Angesicht ausgetragen (face-to-face). Frau Z. schildert am Telefon eindringlich, wie sie die Konflikte mit ihren Kindern auf dieser Stufe austrägt, wie sie in ihrer Wut und Verzweiflung die Kinder schlägt.

Sozio-emotionale Bindungen können auch negative Züge haben. Zwei Brüder, die einander als Rivalen bekämpfen, sind ebenso intensiv aufeinander bezogen, wie Brüder, die einander beschützen. Ein Erwachsener, der in seinem Partner die Hauptursache seiner unbefriedigenden Lebenssituation sieht und dessen Gedanken immer um die Frage kreisen, wie er ihn ändern könnte, stellt ihn ebenso in den Mittelpunkt seines Lebens, wie jener, dessen ganzes Bestreben es ist, das Wohlbefinden des anderen zu fördern.

Die *strukturelle* Gestalt sozialer Systeme auf der sozio-emotionalen Ebene wird durch das *Soziogramm* abgebildet. Es versinnbildlicht, welche Mitglieder einander besonders nahe stehen, welche durch Konflikte oder auch nur durch Gleichgültigkeit voneinander getrennt sind. Das Familiensoziogramm bildet auf diese Weise sozio-emotional geregelte Subsysteme in der Familie ab. Diese müssen sich nicht mit den Generationen in der Familie decken, obwohl naturgemäß die Eltern in ihren Interessen und Einstellungen einander näher stehen als die Geschwister. Sozio-emotionale Subsysteme werden leicht über die Generationsgrenzen hinweg gebildet. Denn Kinder können alle möglichen Funktionen für ihre Eltern übernehmen, auch die Rolle des Partnerersatzes (vgl. Richter 1969). Solche Familienstrukturen sind aber problematisch. Es besteht die Gefahr, daß die Kinder überfordert und in ihrer psychischen und körperlichen Integrität verletzt, z. B. sexuell mißbraucht werden. Auch der Erwachsene gerät in eine Sackgasse. Indem er sich an ein Kind bindet, weicht er Konflikten aus und vergibt so die Chance, sich persönlich weiterzuentwickeln und die Beziehung zum Ehepartner neu zu gestalten. Vorübergehend können Subsysteme über die Generationen hinweg eine Familie stabilisieren. Ein älteres Kind kann auch einmal väterliche oder mütterliche Funktionen übernehmen. Pathologisch wird diese Rolle erst, wenn das Kind auf Dauer in diese Rolle hineingezwungen (Parentifizierung) oder gefühlsmäßig und intellektuell überfordert wird.

Wohngemeinschaften, Initiativen, Produktionsgemeinschaften, alle Kleingruppen, die aufgrund sozio-emotionaler Bindungen bestehen, werden auch als natürliche Systeme oder Primärgruppen be-

zeichnet. Die Definition der Primärgruppen hebt auf die sozio-emotionale Beziehungsform ab: „überschaubar, Face-to-Face-Beziehung (d. h. jeder in dieser Gruppe kann zu jedem anderen von „Angesicht zu Angesicht" Kontakt aufnehmen, d. Verf.), persönliche Kontakte, regelmäßige Treffen, gefühlsmäßige Bindung, nicht bloß zweckhafte Beziehung, Initiative und Spontaneität, freier Handlungsspielraum". (Bellebaum 1984, 41) Die gefühlsmäßige Bindung der Mitglieder an die Gruppe drückt sich in einem „Wir Gefühl" aus. Die Familie ist ein Paradebeispiel für eine Primärgruppe.
Wenn diese Charakterisierung für die familiären Rollen schon existiert, warum dann noch eigens eine Regelungsform benennen?
„Primärgruppe" oder „natürliche Systeme" sind Typenbegriffe. Typisierungen haben den Vorteil, daß sie ein komplexes Geschehen anschaulich und griffig formulieren. Ihre Schwäche liegt jedoch darin, daß sie unter mehreren wesentlichen Merkmalen ein dominantes auswählen und zum gültigen Abbild des Ganzen erheben. So auch im Typus der primären oder natürlichen Gruppe. Die sozio-emotionale Regelungsform wird als einzige Funktionsweise hervorgehoben. Diese Benennung ist insoweit zutreffend, als damit die üblicherweise vorherrschende Regelungsform herausgestellt wird. Wir treffen aber kein soziales System an, das nur aus einer einzigen Machtquelle geordnet und legitimiert wird. Auch in der Familie, dem Urbild der Primärgruppe, sind rational-organisatorische und gesellschaftliche wie auch ökosystemische Kräfte am Werk. Es ist durchaus nichts Ungewöhnliches, daß Eltern vorübergehend oder über lange Zeit hin ihre Partnerschaft als Zweckbündnis aufrecht erhalten (rational-organisatorische Regelung), während sie auf der sozio-emotionalen Stufe durch persönliche Konflikte auseinandergetrieben werden.
Familienarbeit auf der sozio-emotionalen Regelungsstufe mischt sich in die Gefühlssphäre der Beziehungen ein. Ihr gehört der Familienberater insoweit an, als er seine Arbeit in der Familie jenseits von Techniken gestaltet, indem er sich persönlich in die Kontakte einläßt. Strukturell gesehen ist er in diesem Aspekt seiner Rolle Teil des Familiensoziogramms. Wie die übrigen Angehörigen entwickelt er Sympathien und Abneigungen, geht Koalitionen ein oder verwickelt sich in persönliche Auseinandersetzungen.
Auffassung familiärer Problemsituationen: Auf der sozio-emotionalen Regelungsstufe erfassen wir, inwieweit die Schwierigkeiten einer Familie in der Art und Weise, wie sie persönlich zueinander stehen, begründet sind. Wir fragen, inwieweit Eltern und Kinder in ihren ge-

genseitigen Erwartungen zufriedengestellt oder enttäuscht sind. Inwieweit stimmen die Vorstellungen, die die Familienmitglieder von sich selbst haben, mit dem Bild, das die anderen von ihnen zeichnen, überein? Inwieweit stimmen die Familienangehörigen überein, wenn sie die Familienverhältnisse charakterisieren, insbesondere, wenn es um die Problemzonen geht? Wie groß ist die Bereitschaft und die Fähigkeit, sich miteinander zu verständigen, also auf der einen Seite sich klar und offen mitzuteilen und auf der anderen Seite auch unangenehmen Worten Gehör zu schenken?

Wer kann in dieser Familie seine Bedürfnisse durchsetzen? Wer wird unterstützt, wer vernachlässigt oder bekämpft? Zum Beispiel fällt auf, daß Frau Z. nicht auf den Gedanken kommt, von ihrem Freund Unterstützung zu fordern, aus Angst, ihn zu verlieren. Ist diese Angst berechtigt und kann man dem Freund nicht vermitteln, daß er zur Familie gehört und ein Stück persönliche Verantwortung für sie zu übernehmen hat?

Die *Ziele* der Familienbildung und Familienhilfe werden auf dieser Regulationsstufe im Hinblick auf die sozio-emotionalen Verhältnisse konkretisiert. Der Familienberater arbeitet beispielsweise darauf hin, daß Familienangehörige ihre Bedürfnisse offener aussprechen als bisher, ihre gegenseitigen Erwartungen überprüfen und gegebenenfalls so verändern, daß sie dem Partner angemessener sind. Er bemüht sich, Konflikte, die unter der Decke harmonischen Zusammenlebens schwelen, offenzulegen, um sie neu zu verhandeln.

Wenn wir die *Arbeitsweise* des Beraters auf der sozio-emotionalen Regelungsstufe betrachten, so stellen wir sein persönliches Verhältnis zu den Familienangehörigen in den Vordergrund. Folgt man dem formalen Rollenbild, das in der Beschreibung der Handlungskonzepte gegeben ist, so übt er seine Macht einzig zum Wohle der Familienmitglieder aus. Zwar wird zugestanden, daß ein Berater, der am Kontakt mit Menschen keine Freude hat und aus seiner Arbeit keine Selbstbestätigung bezieht, weniger erfolgreich und ausdauernd arbeiten wird, niemals jedoch darf er sich in seinem Verhalten hauptsächlich von persölichen Zielen leiten lassen. Die Gefühle folgen solchen Rollenvorschriften nicht, und das Bewußtsein registriert nicht alle Beziehungsqualitäten. So stößt es dem Berater immer wieder zu, daß Gefühle der Sympathie und Antipathie und persönliche Bedürfnisse seine Interventionen bestimmen, etwa Ärger über persönliche Angriffe, die er besonders von einem bestimmten Familienangehörigen auszuhalten hat, oder die Zuneigung zu einem Familienmitglied, das ihm besonders viele Anerkennung zollt. An den Berater stellen wir die gleiche Fragen, die wir zur Klärung der sozio-emotionalen Beziehungen an die Familienangehörigen gestellt haben. Welche persönlichen Erwartungen trägt er an die einzelnen Familienangehörigen heran und wie passen sie mit deren Erwartungen ihm gegenüber zusammen? Ist der Familienberater in der Lage, offen und klar zu kommunizieren? Kann er auch unangenehme Wahrheiten aufnehmen? Wie fühlt er sich in der Begegnung mit den Einzelnen, unsicher, kompetent, befangen, wie eine Mutter oder wie ein Kind? Inwieweit stimmt er mit den Angehörigen in der Sicht der Familienprobleme überein?

Auf dieser Stufe zählt der Berater nur insoweit, als er von den Angehörigen persönlich akzeptiert und geachtet wird und sie innerlich bereit sind, mit ihm zusammenzuarbeiten.

Seine Macht bezieht er aus dem Verständnis, das er für die Standpunkte aller Beteiligten aufbringt (passive Anpassung) und daraus, daß er selbstsicher genug ist, sich in authentische Begegnungen und Auseinandersetzungen einzulassen.

Würde sein Einfluß einzig in den sozio-emotionalen Beziehungen begründet sein, käme seine Rolle einer privaten Rolle gleich: Der gute Freund oder der Feind der Familie, der gute oder bedrohliche Vater, die gute oder die böse Mutter – im Laufe der Arbeit mit einer Familie können die Rollen und ihre Bewertungen mehrmals wechseln.

Sozio-emotionale Ressourcen in der Familie finden wir nicht nur in den intakten Seiten des Familiensystems, sondern auch in den persönlichen Konfliktfeldern. Eltern, die miteinander oder mit einem Kind besonders distanziert umgehen, kontrollieren dadurch möglicherweise massive Aggressionen gegen den Partner oder das Kind. In einer Streitfamilie stellen oftmals die wuterfüllten Auseinandersetzungen die einzige lebendige Form des persönlichen Kontaktes dar. Auch dysfunktionale Regelungen lösen Konflikte. Allerdings ist das persönliche Leid, das sie mit sich bringen, größer als der Gewinn.

Die positiven Motive im Fehlverhalten der Menschen untereinander sind herauszustellen und ausdrücklich zu würdigen, um dann neue Regelungen zu erarbeiten, die den angestrebten Zweck besser erfüllen. Aggression muß z. B. nicht durch dauernde Distanz kontrolliert werden. Wenn die Familienangehörigen einmal genauer erkundet haben, worin ihr gegenseitiger Ärger besteht, wodurch er ausgelöst wird und unter welchen Bedingungen die Gefahr eines Kontrollverlustes gegeben ist, dann können sie besser einschätzen, wann sie voneinander abrücken müssen: Nähe und Distanz werden flexibler reguliert. Der Berater, der den guten Willen anerkennt, hat die größte Chance, von den Betroffenen als Verbündeter und nicht als Gegner betrachtet zu werden, wenn er ihre Verhaltensweise problematisiert. Frau Z. beispielsweise schlägt ihre Kinder. Wäre es aber nicht ungerecht, darauf mit Entsetzen zu reagieren und nicht vor allem auch anzuerkennen, wie sehr sie sich anstrengt, die Kinder aus dem Sog des sinkenden Familienschiffes herauszubringen?

Rational-organisatorische Regelungsstufe

Auf dieser Regelungsstufe werden Beziehungsregeln unter dem Gesichtspunkt, Interaktionen möglichst effektiv zu gestalten, entwikkelt und bewertet. Maßstab für Rationalität sind Ziele und Anschauungen der Angehörigen des sozialen Systems. Rationalität wird also systemimmanent bewertet. Die Interessen und Anschauungen, die in einer Situation vertreten werden, läßt man gelten und fragt, ob sie so, wie die Angehörigen ihre Rollen gestalten, zu realisieren sind. Selbst wenn man den Beziehungsmustern hohe Zweckmäßigkeit und Effektivität bescheinigt, kann man ihren Sinn doch für abwegig, unvernünftig oder irrational halten. (vgl. Scott 1986, 92)
Eltern, die von Zukunftsangst geplagt sind und trotz sicheren Einkommens an Kleidung, Ausgaben für Freizeit und Bildung sparen, dafür aber enormes Geld für Versicherungen aufbringen, um gegen alle denkbaren Schicksalsschläge zumindest materiell gewappnet zu sein, handeln rational im Hinblick auf das Motto „Sicherheit über alles". Ihre Wertskala ist allerdings irrational. Sie opfern die Gegenwart, in der sie miteinander und mit ihren Kindern ein reicheres Leben führen könnten, zugunsten einer fragwürdigen Sicherheit in der Zukunft.
Auf der rational-organisatorischen Regelungsstufe tritt soziale Macht in den Sachzwängen auf, welche Sinn und Gestaltung des Rollengefüges mit sich bringen. In Konflikten beziehen sich die Beteiligten nicht auf ihre persönliche Situation, sondern auf die Sachzwänge und die Interessen der Gemeinschaft, die sie vertreten. Konfliktpartner sind nicht, wie auf der sozio-emotionalen Ebene, einzelne Angehörige des Systems, es kommt vielmehr zu einem Spannungsverhältnis zwischen den Interessen und Anschauungen einzelner Mitglieder und den Zielsetzungen, Interpretations- und Interaktionsmustern, die in einem System gelten. Auch im persönlichen Konflikt treten

Beteiligte als Anwalt der Sache, Vertreter gemeinschaftlicher Ziele oder in Funktionen auf, die innerhalb der Organisation formal geregelt sind. Soziale Macht löst sich damit von den einzelnen Menschen.

Soziale Systeme, deren Existenz wesentlich durch diese Regelungsform gewährleistet wird, bezeichnet man als formale oder sekundäre Organisationen. Die Regeln, die den Erhalt dieser sozialen Systeme erreichen sollen, sind beispielsweise in Geschäftsordnungen, Dienstanweisungen, Arbeitsplatzbeschreibung, Darstellung von Produktionsverfahren niedergelegt.

In primären Gruppen, wie der Familie, können sich rational-organisatorische Regeln nicht derartig verselbständigen, wie dies in formalen Organisationen der Fall ist. Sie bleiben unter dem dominierenden Einfluß der sozio-emotionalen Macht, können jederzeit durch den entschiedenen Widerstand, durch Gefühlsreaktionen, gesundheitliche oder seelische Störungen Einzelner aus der Reihe gebracht werden. Eine strenge Formalisierung, die der Macht des Einzelnen entzogen ist, finden wir allerdings auch in der Familie, und zwar dann, wenn Beziehungsregeln mit rechtlichen Mitteln durchgesetzt wurden, etwa der Zugang des nicht sorgeberechtigten Elternteils zu seinem Kind. Hinter diesen Formalisierungen steht die Macht der Gesellschaft, sie sind daher der gesellschaftlichen Regelungsstufe zuzuordnen.

Die rational-organisatorische Regelung manifestiert sich in persönlichen Beziehungen einmal darin, daß der Einzelne nicht von seinen eigenen Zielen und Anschauungen redet, sondern „für die Sache" spricht. Es geht darum, ob etwas „normal" oder „gestört", „richtig" oder „falsch" ist. Die Mutter sagt zum Vater, der gerade Zeitung liest: „Spiel doch ein bißchen mit dem Kleinen, er langweilt sich." Antwort: „Nein, so lernt er nie, sich alleine zu beschäftigen. Du bist zuviel um ihn herum!" Replik: „Das ist nicht richtig, in diesem Alter brauchen Kinder Anregungen. Sie sind überfordert, wenn sie sich alleine beschäftigen sollen."

Zweitens bestehen rational-organisatorische Regelungen in den Sachzwängen, die in der Organisation unterschiedlicher Rollensysteme faktisch vorhanden sind. Ihre Macht offenbart sich dadurch, daß Verständigung und Zusammenarbeit gelingen, wenn sie beachtet werden und daß Schwierigkeiten auftreten, wenn man gegen sie verstößt. Auch die Gestaltung persönlicher Kontakte hat eine rational-organisatorische Seite. Die Eltern müssen z. B. klären, wie sie zweckmäßig in der Erziehung der Kinder kooperieren; dies ist vor al-

lem dann notwendig, wenn es in Erziehungsfragen Diskrepanzen zwischen ihnen gibt. Liebe allein genügt nicht, um die sexuellen Beziehungen in einer Partnerschaft auf Dauer befriedigend zu gestalten. Die Partner müssen auch über den Weg, wie man sexuelle Bedürfnisse gemeinsam weiterentwickelt, Bescheid wissen.
Je größer eine Familie wird, desto deutlicher prägen sich Sachzwänge aus. Als keine Kinder da waren, konnten die Eltern zum Beispiel ihre Freizeit je nach Stimmung gestalten, etwa kurzfristig entscheiden, ob sie abends zu Hause bleiben oder ausgehen, ob sie ins Blaue hinein Urlaub machen. Sie hatten zu dieser Zeit einen großen sozio-emotionalen Gestaltungsspielraum. Nun aber sind kleine Kinder zu versorgen. Wollen sie gemeinsam ausgehen, müssen sie rechtzeitig jemanden finden, der auf die Kinder aufpaßt. Hat sich dann ein Babysitter gefunden, werden die Eltern in der vorgeplanten Zeit auch ausgehen, selbst wenn sie jetzt doch lieber zu Hause bleiben würden. Auch der Familienurlaub muß rechtzeitig organisiert sein, denn das Risiko, mit Kindern womöglich keine Unterkunft zu finden, werden sie nicht eingehen. Zweckmäßigkeit gewinnt die Oberhand. Der sozio-emotionale Spielraum ist durch rational-organisatorische Zwänge eingeengt.
Rational-organisatorisch reagieren Eltern, die die Technik des aktiven Zuhörens (Gordon 1974) bewußt anwenden und in einem Konfliktgespräch mit ihrer Tochter den spontanen Impuls, ihr sofort „die Meinung zu sagen", unterdrücken. Sie folgen zunächst einmal dem Gesichtspunkt, sich zweckmäßig zu verhalten. Dieses rational-organisatorisch bestimmte Verhalten kann die Begegnung auf der sozio-emotionalen Stufe verändern. Die Eltern verstehen ihr Kind tatsächlich besser, die Tochter fühlt sich angenommen.
Strukturell wird die Gestaltung des sozialen Systems auf der rational-organisatorischen Stufe durch *Funktionsdiagramme* abgebildet. Die Familie wird als rationale Organisation zunächst einmal einzig von den Eltern bestimmt. Die Begründung liegt auf der Hand: Kleine Kinder sind unfähig, für sich selbst oder gar die familiäre Gemeinschaft zweckmäßig zu planen und zu handeln. Naturgemäß müssen zunächst einmal die Erwachsenen die Organisation des Familienlebens in die Hand nehmen. Dies schließt natürlich ein, daß sie dabei auch auf ihre Kinder hinhören. Schon ein Baby teilt sich über Schreien, Lallen, Lächeln, Strampeln deutlich mit.
Die rational-organisatorische Regelungsstufe ist der sozio-emotionalen übergeordnet. Formale, an Zweckmäßigkeit orientierte Rollensysteme sind geeignet, die gegenseitige Anpassung einer großen

Anzahl von Menschen stabil zu regulieren. Als übergeordnete Stufe umfaßt sie auch immer sozio-emotionale Beziehungen. Dies zeigt sich strukturell darin, daß in rationalen Organisationen primäre Gruppen entstehen, z. B. Teams oder Cliquen.
Wenn wir in der *Auffassung familiärer Problemlagen* die rational-organisatorische Regelungsstufe in den Blick nehmen, so beleuchten wir die Zweckmäßigkeit des familiären Beziehungsmusters. Inwieweit wirken sich in familiären Problemsituationen planerische Mängel und unangemessene Verhaltensweisen aus? Überforderung durch Hausarbeiten kann auch Folge ineffektiver Gestaltung der Arbeitsabläufe sein; finanzielle Engpässe entstehen, weil Geld nach dem Prinzip „so lange der Vorrat reicht" ausgegeben wird. Regelmäßige Streitereien am Wochenende kommen auf, weil nicht ausdrücklich und rechtzeitig untereinander ausgehandelt wird, wie man die freie Zeit verbringt. Ist das Wochenende da, kann keiner der Familienangehörigen sich aufraffen, eine bestimmte Unternehmung durchzusetzen, alle Beteiligten sind unzufrieden, weil nichts zustandekommt. Ißt ein Kind zu wenig, werden auf der rational-organisatorischen Stufe die Eßgewohnheiten der Familie unter die Lupe genommen: sind die Mahlzeiten so organisiert und verhalten sich Eltern und Geschwister so, daß das Kind seine Nahrung in Ruhe und mit Appetit zu sich nehmen kann? Ehepartner leiden unter gegenseitiger Entfremdung: Unter rational-organisatorischen Aspekten wäre einmal aufzulisten, wieviel Zeit sie in einer Woche allein zusammen sind und ob das, was sie dann tun, geeignet ist, einander näher zu kommen. Oftmals sind sie dann überrascht, wie wenig Zeit sie zu zweit verbringen, denn auch in der Freizeit sind sie immer in Gesellschaft anderer, ganz zu schweigen davon, daß sie den Hauptteil ihres Privatlebens für die Kinder investieren.
Da solche Wechselwirkungen zwischen sozio-emotionalen und rational-organisatorischen Regelungen bestehen, können Beziehungen durch rationale Pläne verbessert werden und – umgekehrt – die rationale Organisation dadurch, daß störende Konflikte auf der personalen und sozio-emotionalen Ebene aufgearbeitet werden.
Die *Zielsetzung* sozialer Familienarbeit auf der rational-organisatorischen Regelungsstufe weist den Familienberater als Teil der funktionalen Struktur des Familiensystems aus. Wir sehen ihn in der Rolle dessen, der einen Beitrag zur zweckmäßigen Organisation des Familienlebens leistet.
Strebt er Veränderung der Familienstruktur an, so bedeutet dies hier, daß er nicht in erster Linie die persönlichen Ziele, Anschauungen

und Verhaltensweisen der Familienangehörigen problematisiert. Er nimmt diese vielmehr als gegeben an und stellt die Effektivität der Beziehungsregeln in Frage: Erfüllt die Art und Weise, wie die Familienangehörigen miteinander umgehen, den Sinn, den sie ihren Beziehungen geben?

Die *Arbeitsweise* des Beraters ist auf dieser Regelungsstufe als geplantes Arrangement zu charakterisieren, das eine bestimmte Handlungsstrategie und die Anwendung bestimmter Techniken ermöglicht. Außerdem gehört zur rational-organisatorischen Seite der Rolle, daß der Berater an der zweckmäßigen Organisation des Familienlebens mitwirkt.

Als Mitwirkender in der rationalen Organisation denkt, plant und arbeitet der Berater in der Familie mit. Er überlegt gemeinsam mit berufstätigen Eltern und ihren halbwüchsigen Kindern, wie man die Haushaltsführung und den kleinen Rest gemeinsamer Freizeit effektiver organisieren kann. Er klärt die Angehörigen psychisch Kranker über die abweichenden Verhaltensweisen, mit denen sie rechnen müssen, auf, gibt der Familie konkrete Lebenshilfen. Auf der rational-organisatorischen Stufe gehört es auch durchaus zur Rolle des Familienberaters, daß er selbst etwa bei Hausarbeiten oder Reparaturen anpackt.

Zum geplanten Arrangement gehört der Arbeitskontrakt, in dem er mit den Familienangehörigen ausdrücklich vereinbart, zu welchem Zwecke und auf welche Weise man zusammenarbeitet, wie lange die Treffen dauern und wie häufig sie stattfinden werden. Es handelt sich um Beziehungsregeln, die unabhängig von Personen aus Gründen der Zweckmäßigkeit aufgestellt werden.

Geht es beispielsweise um therapeutische Sitzungen mit der ganzen Familie, so bleibt den Beteiligten nur die Wahl, entweder regelmäßige Treffen und Anwesenheit aller zu erreichen, oder aber auf diese Hilfeform zu verzichten, weil sie nur in einer solchen Organisation funktioniert.

Bestimmte Teckniken, die er anwendet, stellen rational-organisatorische Regelungen dar, die dazu dienen, sozio-emotionale Begegnung zu ermöglichen und zu intensivieren. Nehmen wir zum Beispiel die Technik des Rollenspiels: statt daß die Familienangehörigen berichten, wie sich ein Kind verhält, wenn ihm etwas abgeschlagen wird, spielen sie eine solche Szene. In den Handlungsstrategien und Techniken sozialer Familienarbeit haben wir das Drehbuch für eine rational-organisatorische Gestaltung der Arbeit mit Familien vor uns. Dominiert in der Arbeit eines Familienberaters die rational-organisatorische Regelung der Kontakte, dann stellt er auf ein möglichst geschicktes Management familiärer Probleme ab. Grundsätzlich besteht kein Unterschied zwischen Familienangehörigen und Professionellen. Es gibt die Sozialmanager in jeder sozialen Rolle. Eine hilfreiche Beziehung werden die Menschen einander aber ohne sozio-emotionale Substanz nicht bieten können. Rogers (1975, 22/23) schreibt dazu: „Wenn ich zu einem Klima verhelfen kann, das von echter Achtung und Verständnis gekennzeichnet ist, dann geschehen – wie mich die Erfahrung gelehrt hat – aufregende Dinge. In solch einem Klima bewegen sich Personen und Gruppen fort von der Rigidität und hin zu Flexibilität, von einem statischen Leben zu einem prozeßhaften Leben, von Abhängigkeit zu Autonomie, von Voraussagbarkeit zu unvorhersagbarer Kreativität, von einem durch Abwehr bestimmten Verhalten zu Selbstannahme."

Gesellschaftliche Regelungsstufe

Diese Stufe formiert sich in den Beziehungsregeln, die den Austausch zwischen Organisationen gestalten. „Die Gesellschaft in modernen Zeiten ist . . . eine durch interorganisatorische Beziehungen geprägte Veranstaltung . . . Konnten in früheren Gesellschaften lokale Autarkien auch beim Zusammenbruch ganzer Kaiser- und Königreiche ihr beschauliches Eigenleben unbeeinflußt fortsetzen – die bürgerlich wirtschaftende und staatlich regulierte Welt ermöglicht solche Abkoppelungen nicht mehr". (Praetorius 1984, 25/26) Der Geltungsbereich sozio-emotional und rational-organisatorisch definierter Rollen deckt sich mit den Grenzen einer sozialen Gemeinschaft. Sie existieren, solange die Gemeinschaft besteht, lösen sich mit dem Bankrott eines Unternehmens, der Auflösung eines Vereins, dem Zerfall einer Gruppe auf. Die gesellschaftlich geregelten Formen des Informationsaustausches und des Interessenausgleichs zwischen den Menschen bestehen weiter, weil sie allgemein gültig, das heißt im gesellschaftlichen Gefüge verankert sind.

In den gesellschaftlich bestimmten Gestaltungen sozialer Rollen formen sich grundlegende Anschauungen über den Sinn zwischenmenschlicher Beziehungen aus. Die Ziele gesellschaftlich definierter Rollen stellen also Rahmenziele und Grundwerte für alle Subsysteme der Gesellschaft dar, die Ich-Du-Definitionen folgen allgemeingültigen Rollenstereotypen, die Beziehungsmuster tragen den Stempel allgemeingültiger Anpassungsregeln. Dabei gibt es in den modernen Gesellschaften, noch dazu, wenn sie eine pluralistische

Wertorientierung zulassen, eine Vielzahl konkurrierender Sinnbestimmungen: das wirtschaftliche Prinzip, möglichst rentabel zu arbeiten – „produziere alles, was sich verkaufen läßt, mit möglichst geringem Aufwand" – steht im Spannungsverhältnis zu dem Ziel, den Lebensraum der Menschen zu bewahren und Arbeit für alle zu beschaffen; das Prinzip, den Arbeitsmarkt dem freien Spiel des Wettbewerbs zu überlassen, steht im Spannungsverhältnis zu dem sozialstaatlichen Ziel, die Existenz und den Wohlstand aller zu sichern und sozialen Ausgleich zu schaffen; Hochschätzung technisch-analytischer Intelligenz und rationaler Konfliktlösung im Widerpart zu Leitbildern des „new-age", die das gemeinsame Tun aus dem ganzheitlichen Erfassen der kosmischen Lebenszusammenhänge heraus gestalten wollen; die herkömmliche Rollenunterscheidung zwischen Mann und Frau wird durch neue Auffassungen in Frage gestellt, in denen die Rollen von Mann und Frau einander angeglichen werden, z. B. in der Erziehung und Versorgung der Kinder, im Beruf, im sexuellen Verhalten.

So wie die Rollendefinitionen der gesellschaftlichen Regelungsstufe die einzelnen Gemeinschaften übergreifen, entspringt auch die soziale Macht, die sie durchsetzt und die sich in ihnen ausdrückt, den übergreifenden gesellschaftlichen Systemen. Wir können die Träger gesellschaftlicher Macht verschiedenen gesellschaftlichen Subsystemen zuordnen. Genannt wurden (siehe Kapitel V) das kulturelle, ökonomische, politische System und das System sozialer Sicherheit. Die Machtströmungen in diesen Systemen verbinden sich zu einem Feld gesellschaftlicher Macht: Dieses Feld kann mehr oder weniger von einzelnen Subsystemen dominiert werden. Das kulturelle System kann unter den dominierenden Einfluß wirtschaftlicher Zwänge kommen, das System sozialer Sicherheit ist eng verbunden mit dem ökonomischen System, wie sich in Zeiten wirtschaftlicher Restriktion zeigt. In einem Rechtsstaat wie der Bundesrepublik Deutschland ist zu erwarten, daß u. a. mit der Macht des politischen Systems dafür gesorgt wird, daß das Handeln nach Recht und Gesetz in allen Bereichen gilt, die Definitionsmacht der Gesetze notfalls mit staatlicher Macht durchgesetzt wird. Auch wenn die Machtregeln der verschiedenen gesellschaftlichen Subsysteme einander überformen, verfügt doch jedes aufgrund seiner speziellen Funktion über eigene Informations-, Definitions- und Sanktionsmacht, ist die Ausübung körperlicher, verbaler und materieller Macht in jedem Subsystem auf eigene Weise geregelt, finden wir in jedem eigene Formen struktureller Macht.

Die gesellschaftliche Regelungsstufe innerhalb eines sozialen Systems bildet sich in der unmittelbaren Einwirkung gesellschaftlicher Prozesse auf eine Gemeinschaft heraus. Die indirekten Wirkungen gesellschaftlicher Verhältnisse, die sich z. B. im Bildungsstand eines Menschen oder seinen Gewissensregungen niederschlagen, sind nicht gemeint. Die gesellschaftliche Regelung, um die es hier geht, geschieht durch *unmittelbaren Einfluß gesellschaftlicher Macht* auf die Beziehungen innerhalb einer Gemeinschaft.
Gesellschaftliche Macht ist in einem sozialen System in Gestalt von Personen präsent, die als *Vertreter gesellschaftlicher Institutionen* Einfluß nehmen. Wir ordnen der gesellschaftlichen Regelungsstufe den Anteil ihrer Rolle zu, der durch die Institution, die sie entsendet, definiert und mit Macht versehen ist. Ein Priester wird als Träger kirchlicher Autorität mehr als andere einem religiösen Menschen helfen können, das quälende Gefühl, am Selbsmord eines Angehörigen schuldig geworden zu sein, zu überwinden. Psychotherapeuten, Erziehungsberater beziehen gesellschaftlich vermitteltes Einflußpotential aus dem Expertenstatus im beruflichen System. Jugendrichter, Familienrichter, Vormundschaftsrichter greifen kraft Gesetzes in familiäre Verhältnisse ein und setzen dort neue Beziehungsmuster durch. Als Vertreter des Jugendamtes verfügen Sozialarbeiter über gesetzliche Macht.
Außer in Personen etabliert sich gesellschaftliche Macht auch *materiell*, nämlich über den Austausch von Geld und Waren. Materiell sind die Familien beispielsweise in die Organisation der Arbeitswelt eingebunden. Die Industrie fordert Mobilität der Angestellten. Wer aufsteigen will, kann genötigt sein, mehrfach den Wohnort zu wechseln. Mobilität wird dabei nicht nur dem Arbeitnehmer, sondern der ganzen Familie auferlegt. Arbeitet ein Familienmitglied in wechselnden Schichten, so muß der Rhythmus des Familienlebens dieser Zeitvorgabe angepaßt werden. Die besondere Machtstellung des Alleinverdieners, meist des Mannes, in der Familie ist auch wirtschaftlicher, das heißt eben gesellschaftlicher Natur. Er bedient sich gesellschaftlicher Macht, wenn er sich in Entscheidungen über die Ausbildung der Kinder oder Auseinandersetzungen um Haushaltsgeld deshalb durchsetzen kann, weil er als einziger Verdiener die finanziellen Mittel in der Familie kontrolliert.
Die rollenbestimmende Dynamik der Waren wird freigesetzt, wenn die Menschen sie benutzen und verbrauchen. Wir sehen dann gesellschaftlich bestimmte Verhaltensmuster, die über die Eigenschaft der Waren in die sozialen Systeme hineintransportiert werden. Fertig-

mahlzeiten verändern die Essgewohnheiten. Billige, perfekte, aber nur wenig haltbare Massenartikel, etwa Elektrogeräte für den Haushalt oder Spielsachen, schrauben die Konsumbedürfnisse in die Höhe und lassen zugleich eine sorgfältige Behandlung von Dingen sinnlos erscheinen. Gerade Familien, die sich eine gute und damit teure Qualität nicht leisten können, werden in das Konsummuster eines schnellen Umschlags von Geld und Waren hineingezwungen. Über Produkte, die als Träger von Masseninformation eingesetzt werden, greifen gesellschaftliche Kräfte unmittelbar in soziale Gemeinschaften hinein. Zeitungen, Illustrierte und Comics transportieren Rollenmuster, angefangen bei Stereotypen zum männlichen, weiblichen und kindlichen Verhalten in der Werbung bis hin zu den Kolumnen, in denen Leser Ratschläge in persönlichen Fragen erhalten. Die Gestaltung dieser Medien selbst, nicht nur ihre Inhalte, verändern Beziehungsformen. Die Abfolge von Fernsehsendungen modulieren vielen Familien den gleichen Rhythmus auf. Essenszeiten, Freizeitunternehmungen richten sich nach den Sendezeiten.

Durch die gesellschaftliche Regelung wird eine weitere Art von Konflikten in die sozialen Systeme hineingetragen. Auf der personalen Stufe liegen sie in der Persönlichkeit der einzelnen Menschen, auf der sozio-emotionalen Stufe entzünden sie sich an persönlichen Differenzen zwischen den Angehörigen eines Systems, auf der rational-organisatorischen an Widersprüchen zwischen den Interessen Einzelner und der Notwendigkeit, das Zusammenleben zweckmäßig zu organisieren. Über die gesellschaftliche Regelungsstufe werden in die sozialen Systeme allgemeingültige Werte, Anschauungen und Beziehungsmuster hineingetragen; so kann es in jedem sozialen System auch zu Konflikten zwischen persönlichen oder rational-organisatorischen Rollendefinitionen und allgemeingültigen Regelungen kommen.

Exemplarisch dafür ist die rechtliche Gestaltung familiärer Beziehungen. Eltern, die einen Kredit aufgenommen haben, werden unabhängig von ihren persönlichen Einstellungen und Bedürfnissen wie auch von der Funktionsfähigkeit der Familie notfalls auf gerichtlichem Wege gezwungen, den Kreditvertrag einzuhalten. Allgemein rechtliche Prinzipien, wie Vertragsfreiheit und Rechtssicherheit, stehen gegen familiäre Belange. Finanzielle Regelungen werden in diesem Falle in der Familie mit gesellschaftlicher Macht durchgesetzt.

Die Vorschriften des § 218 StGB enthalten Regeln und Werte, die eine Frau zu beachten hat, wenn sie eine von der Krankenversicherung finanzierte, medizinisch verantwortlich durchgeführte Schwangerschaftsunterbrechung vornehmen lassen will. Ein Schwangerschaftskonflikt besteht nicht nur in den individuellen Schwierigkeiten einer Frau – psychosomatische Regelungsstufe – den Beziehungsproblemen mit ihren Angehörigen und vor allem dem Partner – sozio-emotionale und rational-organisatorische Ebene –, über rechtliche Regelungen und die wirtschaftliche Situation, die mit der Geburt eines Kindes entsteht, wird er auch zum gesellschaftlich geregelten Konflikt in der Familie.

Wenn eine Ehe standesamtlich geschlossen ist, besteht sie unabhängig von Vereinbarungen, welche die Ehepartner persönlich treffen, auch als gesetzlich definiertes und festgelegtes Beziehungsgefüge. Ehepartner und Kinder stehen nicht nur in einem persönlichen, sondern auch in einem vertraglichen Abhängigkeitsverhältnis. Solange das Zusammenleben aufgrund persönlicher Übereinkunft im Rahmen gesetzlicher Normen bleibt, kann die gesellschaftliche Regulierung des Rollengefüges unbeachtet bleiben. Erst wenn einer der Beteiligten in familiären Konflikten rechtliche Instanzen in Anspruch nimmt, oder wenn ein Außenstehender – zum Beispiel ein Vertreter des Jugendamtes wegen Kindesmißhandlung – in gesetzlichem Auftrag eingreift, kommen gesellschaftliche Regulationsprozesse in Gang. Erst jetzt erfahren die Angehörigen der Familie gesellschaftliche Macht als Beziehungsrealität.

Die Vertreter staatlicher Macht setzen unabhängig von den Machtkonstellationen auf der sozio-emotionalen und rational-organisatorischen Stufe gesetzliche Herrschaftsrechte, Gestaltungsrechte und Ansprüche durch. Herrschaftsrechte bestehen in der Befugnis, über Menschen und Dinge Macht auszuüben und die Einwirkung anderer auszuschließen; Gestaltungsrechte in der Möglichkeit, durch einseitige Handlung eine Änderung zu erreichen; Ansprüche in den wirksamen Forderungen, daß ein anderer etwas tut oder unterläßt. (vgl. Gastiger 1983, 35) Die elterliche Sorge über das Kind beinhaltet zum Beispiel Herrschaftsrechte, die allerdings gebunden sind an die Verpflichtung, die rechtliche Macht zum Wohle des Kindes auszuüben: „Wird das körperliche, geistige oder seelische Wohl des Kindes durch mißbräuchliche Ausübung der elterlichen Sorge, durch Vernachlässigung des Kindes, durch unverschuldetes Versagen der Eltern oder durch das Verhalten eines Dritten gefährdet, so hat das Vormundschaftsgericht, wenn die Eltern nicht gewillt oder nicht in der Lage sind, die Gefahr abzuwenden, die zur Abwendung der Gefahr erforderlichen Maßnahmen zu treffen . . ." (§ 1666 BGB, Abs 1) Diese gesetzliche Bestimmung ermöglicht die gesellschaftliche Regulation der Erziehung und der Versorgung des Kindes, wobei die Maßnahmen zunächst einmal auf eine Regelung in der Familie abgestellt sein müssen. Denn § 1666a, Abs. 1 BGB bestimmt, daß „Maßnahmen, mit denen eine Trennung des Kindes von der elterlichen Familie verbunden ist, nur zulässig (sind), wenn der Gefahr nicht auf andere Weise, auch nicht durch öffentliche Hilfe, begegnet werden kann".

In der *Auffassung familiärer Problemsituationen* stellt die gesellschaftliche Regelungsstufe heraus, inwieweit gesellschaftliche Mächte in der Familie präsent und an familiären Belastungen beteiligt sind. Denken wir z.B. an die widersprüchliche Situation von Stiefeltern. Auf der Ebene persönlichen und zweckbestimmten Familienlebens sollen sie für ihre Stiefkinder vollwertige Eltern sein, rechtlich gesehen haben sie aber keine Sonderposition. Sie sind nicht erziehungsberechtigt. Im Konfliktfalle liegt die gesellschaftlich regulierte Macht bei ihrem Ehepartner. Ebenso widersprüchlich ist die rechtliche Situation von Pflegeeltern, die ein Kind in Dauerpflege haben. Sie stehen in ihrem Verhältnis zum Kind zwischen Privatheit und Öffentlichkeit, was sich z.B. daran zeigt, daß sie Pflegegeld erhalten. So kommt es dazu, daß sich materielle Leistungen, die von der Gesellschaft als Sonderleistung gewährt werden, konfliktreich mit der elterlichen Rolle auf der persönlichen Ebene verquicken (vgl. Blandow/Frauenknecht 1980, 105).

Ressourcen der gesellschaftlichen Regelstufe liegen im Nutzen, den materielle Einflußnahme und Interventionen von Vertretern gesellschaftlicher Institutionen in der Familie schaffen; Menschen, die kraft Amtes in der Familie mitbestimmen, müssen unter Umständen in die Pflicht genommen werden, ihre gesellschaftliche Macht zum Nutzen der Familie einzusetzen; der Vertreter einer Bank, daß er fällige Ratenzahlungen stundet oder Eltern aus einem ungünstigen Kreditvertrag entläßt und eine Umschuldung ermöglicht; der Lehrer, daß er auf Eltern und Kinder nicht nur Druck ausübt, sondern auch mithilft, eine Krise aufzufangen. Von der Lehrerin des 8jährigen Michael (siehe S. x) wird man mehr fordern dürfen als nur einen Anruf an Frau Z. „was los sei". In ihrem Gefühl, allein die Verantwortung zu tragen, liegt Frau Z. ein solcher Anspruch fern. Auf der gesellschaftlichen Regelungsstufe erwartet sie nur Schwierigkeiten: Angst, ob sie die Miete aufbringen kann, Angst vor Ärger mit Rechtsanwälten und Behörden.

Im Zusammenhang mit den Ressourcen ist zu fragen, ob nicht auch Zwangsbeziehungen zum Nutzen einer Familie gestaltet werden können. Ein rechtlich durchgesetzter Zwangskontakt bietet unter

Umständen die einzige Chance, in eine Familie hineinzukommen und persönliche Beziehungen aufzubauen. Die Familie muß einen Familienberater zunächst einmal in seiner Rolle als Gutachter in einem Scheidungsprozeß oder Jugendstrafverfahren einlassen, sie wird ihn auch nicht abweisen können, wenn er einer Anzeige wegen möglicher Vernachlässigung der Kinder nachgeht. Solche Zwangsbeziehungen müssen nicht in jedem Fall und vor allem nicht auf Dauer dazu führen, daß der Familienberater persönlich abgelehnt oder gar bekämpft wird. Die Familie kann erfahren, daß er Verständnis für ihre schwierige Lage aufbringt und sich für ihre Interessen einsetzt und infolgedessen ihr Verhältnis zu ihm verändern.
In der *Arbeitsweise* des Familienberaters kommt die gesellschaftliche Regelung dann zum Tragen, wenn er die Macht einsetzt, die ihm aufgrund seiner beruflichen Position gegeben ist. Wenn er den institutionellen Aspekt seiner Rolle ins Feld führt, verweist er die Familienangehörigen in die entsprechende Gegenrolle. Umgekehrt verweisen auch die Angehörigen den Berater in seine amtliche Rolle, indem sie ihn in dieser Funktion ansprechen. Während er z. B. als Sozialarbeiter einen Antrag zum Lebensunterhalt aufnimmt, ist er in der Rolle eines Behördenvertreters und der Familienangehörige in der Rolle des Antragstellers. In einer Gesprächsphase, in der er gegenüber Pflegeeltern, die nicht zur Zusammenarbeit bereit sind, seine Beratungs-, aber auch seine Aufsichtspflicht betont, leitet er die Konfliktlösung in gesellschaftlich regulierte Bahnen. Er bringt seine Rolle als Kontrolleur ins Spiel. Erläutert eine in einem Frauenhaus angestellte Beraterin einer Familie die Hausordnung, dann ist in der gesellschaftlichen Regelungsstufe die Situation „die Vermieterin spricht mit den Mietern" gegenwärtig.
Wer soziale Familienarbeit leistet, steht immer unter dem Anspruch, sich auf die persönliche Seite familiärer Problemsituationen einzulassen. Ein Familienberater kann sich daher mit einer gesellschaftlich regulierten Beziehung zur Familie nicht zufrieden geben. Er sollte jedoch Kontakte dieser Art nicht verachten. Auch auf diesem Wege ist Nutzen für die Familienangehörigen zu schaffen. Kontaktbarrieren, die aus gesellschaftlich bestimmten Machtverhältnissen entstehen, müssen nicht auf Dauer persönliche Beziehungen abschneiden. Soziale Systeme sind dynamisch, die Rolle des Beraters wandelt sich. Von Phase zu Phase kann die Dominanz bestimmter Regelungsformen wechseln. Einmal steht mehr die persönliche Bindung, ein andermal mehr die gesellschaftliche Macht im Vordergrund.

Öko-systemische Regelungsstufe

Sie organisiert sich in den bio-physikalischen Wechselbeziehungen, die zwischen einer sozialen Gemeinschaft und ihrer Umwelt ablaufen. Die Welt, in der sich ein soziales System einrichtet, ist nicht nur das materielle Gewand, sondern aktive Macht, die nach biologischen, chemischen und physikalischen Gesetzen in das Leben der Menschen eingreift. In den vom Menschen künstlich geschaffenen Welten liegt die bio-physikalische Macht nicht nur in den Naturgesetzen, sondern auch in technischen Strukturen und Funktionsweisen. Auf der öko-systemischen Regelungsstufe verselbständigen sich soziale Beziehungsmuster in Gestalt von Automaten, Bauwerken, Wohnungs- und Büroeinrichtungen, in der Gestaltung von Landschaften für Erholungszwecke, für industrielle und landwirtschaftliche Produktion. Die sozialen Systeme und die zivilisatorisch veränderte Umwelt bedingen einander. Der Mensch konstruiert die Maschine, die Maschine prägt das Denken und Fühlen des Menschen und seine sozialen Beziehungen. In der Arbeit mit Computerprogrammen lernt er beispielsweise, daß nur ein klar formuliertes Problem ein gut formuliertes Problem ist. In der Behandlung sozialer Konflikte gilt aber oft das Gegenteil, nämlich, daß man zunächst einmal aus der Ein-Dimensionalität klar formulierter Aussagen in die Unklarheit des Erlebens hineingehen muß, um zum Kern des Beziehungsproblems vorzudringen. Die Lösung zwischenmenschlicher Probleme nach Art des Computers gelingt zwar, aber die Vielfalt zwischenmenschlicher Beziehungsmuster verarmt.

Die wechselseitige Evolution von Umwelt und sozialem System schafft im günstigsten Fall lebenserhaltende Qualität der Umwelt (vgl. German/Gitterman 1983, 5). Beispiele dafür sind die Ausrottung von Krankheiten, mehr Nahrungsmittel durch Züchtung von Pflanzen und Tieren, durch Düngung und Erschließung unfruchtbarer Gebiete. In einer Zeit, in welcher der saure Regen das Leben der Wälder und Wassertiere abtötet, in der wir schleichende oder akute Zerstörung der Umwelt als Begleiterscheinung technischen Fortschritts erleben, beeindrucken uns allerdings mehr die negativen Kreise der Koevolution zwischen sozialen Systemen und ihrer Umwelt. Etwa die Entwicklung der landwirtschaftlichen Produktion von der bäuerlichen zur industriellen Organisation in Gestalt von Massentierhaltung und Verödung und Zerstörung der Landschaft durch Monokulturen. Chemie und Technik verändern die Organisation bäuerlicher Betriebe in Richtung auf intensive Nutzung des Bodens und die Veränderung, die die Landschaft dadurch erfährt, fördert die Anwendung von Chemie und Technik. Gefahren, die mit der friedlichen Nutzung der Atomkraft verbunden sind, erfordern eine genaue Kontrolle aller Menschen, die in irgend einer Weise den kontrollierten Kreislauf des radioaktiven Materials in der Atomindustrie gefährden könnten. In Anpassung an die atomare Apparatur, die sie selbst hervorgebracht haben, entwickeln die sozialen Systeme eine immer ausgeprägtere Kontrollstruktur, in der Koevolution zwischen Mensch und Maschine bringt das Atomkraftwerk die atomare Gemeinschaft hervor.

Soziale Macht begegnet uns auf der öko-systemischen Regelungsstufe in von Menschen geschaffenen Sachzwängen. Soziale Konflikte erscheinen hier als Widersprüche zwischen materiell vorhandenen Situationen – etwa mangelndem Wohnraum oder allgemeine Gefährdung von Kindern durch den Straßenverkehr – und Zielen, die auf den anderen Regelungsstufen angestrebt werden, wie z. B. Förderung der Familie oder Schutz der Kinder im System sozialer Sicherung.

Alle sozialen Systeme weisen eine öko-systemische Regelungsstufe auf.

Zum Kernbereich des familiären Systems gehört die Wohnung. In der Einrichtung der Zimmer schlagen sich psychosomatische Prozesse – z. B. persönliche Vorlieben, körperliche Behinderung –, rational-organisatorische Regelungen und gesellschaftliche Einflüsse öko-systemisch nieder. Umgekehrt wirkt die Wohnsituation auf das Verhalten der Familienangehörigen zurück. Ist die Wohnung eng, so ist es kaum möglich, Kindern einen Raum oder wenigstens einen eigenen Winkel zu überlassen, den sie in eigener Verantwortung ausgestalten und der als ihr Revier respektiert wird. Persönliche Konflikte sind leichter zu bereinigen, wenn es die Möglichkeit gibt, in Momenten großen Ärgers sich in ein eigenes Zimmer zurückzuziehen und erst, wenn man sich beruhigt hat, über den Anlaß der Streitigkeit zu sprechen. In einer großzügig ausgestatteten Wohnung ist der Haushalt leichter zu führen als in einer engen, nur kärglich ausgestatteten Unterbringung. Eine Wohnung, die eine Familie zusammenpfercht, verdichtet auch die sozio-emotionalen Strukturen. Die Eltern können sich nicht räumlich von den Kindern abgrenzen, die Kinder haben z. B. kein eigenes Schlafzimmer. Sozio-emotionale Verstrickungen zwischen dem elterlichen und dem kindlichen Subsystem werden begünstig. Auch die Außenkontakte einer Familie werden durch die Wohnung beeinflußt. Wer Platz und eine „anständig" eingerichtete Wohnung hat, fühlt sich nicht gehemmt, Bekannte einzuladen und wird im Gegensatz auch selbst häufig auf der Einladungsliste stehen.

Auch die Umwelt vor der Haustür wirkt in die Familie hinein. Die Bebauung des Wohnviertels, der Straßenverkehr, das Kleinklima, das u. a. durch das Verhältnis von bebauten Flächen zu Grünflächen bestimmt wird – all dies beeinflußt die Befindlichkeit der Menschen. In einer „guten" Gegend zu wohnen, stützt das Selbstwertgefühl. Ein heruntergekommenes Wohnviertel deprimiert die Bewohner und schwächt ihren Durchsetzungswillen. Lebt eine Familie in einer solchen Gegend und ist zusätzlich noch in eine Einfachwohnung ohne Dusche und Bad einquartiert, dann wird ihr die öko-systemische Regelung ihrer Familienaufgaben außerordentlich erschwert. Die Wohnung läßt eine effektive Organisation des Haushaltes nicht zu. Alltägliche Verrichtungen wie Körperpflege, Wäsche waschen, Essen kochen, erfordern einen unverhältnismäßig großen Arbeitsaufwand. Der alltägliche Kampf ums Notwendigste zermürbt Eltern und Kinder auch psychisch. Es wird schwer, gegenseitiges Verständnis und Sympathie zu bewahren. Die Umgebung demoralisiert, zumal die Familienangehörigen durch die schlecht schallisolierten Wände auch noch nachbarliche Konflikte akustisch mitbekommen. Die Eltern lassen den Haushalt schleifen, können auch die Kinder nicht unterstützen, etwa bei den Schulaufgaben. Die öko-systemische Situation der Familie beeinträchtigt eine sinnvolle Gestaltung familiärer Rollen auf allen Regulationsstufen.

Allerdings bleibt auch in lebensfeindlichen Wohnwelten ein gewisser Gestaltungsspielraum. Bei Hausbesuchen kann man mehrfach die familiären Welten wechseln: Von Familienräumen, die gleichsam ökologische Nischen der Geborgenheit darstellen und trotz finanzieller und räumlich begrenzter Möglichkeiten funktionell gestaltet sind, kommt man in andere Wohnungen, die durch kahle Wände, Schmutz und fehlende Einrichtung die anti-soziale Wirkung der Umwelt noch verstärken. Fatal ist aber – wie immer Familien sich eingerichtet haben – daß in sozialen Brennpunkten sozial schwache Familien noch zusätzlich öko-systemischen Belastungen ausgesetzt werden, die auch intakte Familien nur auf begrenzte Zeit unbeschadet überstehen.

Der öko-systemische Aspekt vervollständigt die *Erfassung familiärer Problemsituationen*. Schwierigkeiten kann ein Berater nur dann nachvollziehen, wenn er ein plastisches Bild davon hat, wie eine Familie lebt. Wenn er dies nicht selbst erleben kann, indem er die Familie zu Hause besucht, dann sollte er sich den typischen Tagesablauf von der Familie schildern lassen. Auf diese Weise erhält er auch immer eine anschauliche Beschreibung des Lebensfeldes.

Zielsetzung: Aus der öko-systemischen Regelung der Familienprobleme folgt, daß Familienhilfe und Familienbildung nicht nur darauf abzielen, das Beziehungsgefüge zwischen den Menschen zu verändern, sondern auch den Lebensraum, den sie sich eingerichtet haben bzw., den sie vorfinden. Familienbildung sieht nicht nur die Menschen, sondern auch den Wohnbereich der Familie als eine Quelle, aus der die Menschen Kräfte und Anregungen für ihre persönliche Entwicklung schöpfen. Sie möchten die Umwelt so gestalten, daß sie zum Lernen anregt und die Entwicklungsmöglichkeiten der Menschen fördert. Familienhilfe sieht in der Umwelt Bedingungen, welche Familienprobleme hervorrufen und verschärfen oder aber vermindern können. Ihr Ziel ist es, das unmittelbar auf die Familie einwirkende Lebensfeld so zu verändern, daß sich die familiäre Situation entspannt. Eine schäbige, abgenutzte Wohnung vermittelt den Familienangehörigen Tag für Tag das Gefühl, in einer elenden Situation zu leben, verstärkt das Gefühl der Bedrückung.

Kann ein Berater eine Familie motivieren, ihre Wohnung zu renovieren und ihr nötigenfalls finanzielle Mittel dafür verschaffen, dann hat er dazu beigetragen, daß die lebenserhaltende Qualität des Familiensystems verbessert wurde. Der Familienberater setzt also nicht nur auf die sozialen Einflüsse, sondern auch auf die Macht, die vom Lebensfeld ausgeht. Frauenhäuser wurden aus der Erfahrung heraus gegründet, daß mißhandelten Frauen und Kindern in vielen Fällen nur dann zu helfen ist, wenn sie auch territorial der Macht des Mannes entzogen werden, die Veränderung also auf der öko-systemischen Regelungsstufe beginnt.

Arbeitsweise: Auf dieser Ebene definiert der Familienberater seine Rolle über den Ort seiner Tätigkeit. Ortsbestimmung und Ortsgestaltung sind Teil der Intervention. Bei direktiven Kurzzeitformen der Familientherapie sichert schon das Arrangement die Machtstellung der Therapeuten in der Familie. Nur wenn die Familie dies akzeptiert, können diese Formen angewandt werden. Die Familientherapeuten arbeiten im Team. Zwei Kollegen leiten die Familiensitzung, andere beobachten von einem Nebenraum aus durch eine Einwegscheibe den Behandlungsablauf. An Schlüsselstellen des Behandlungsprozesses unterbrechen die in der Familie aktiven Therapeuten oder auch die Beobachter das Familiengespräch, um über den nächsten Behandlungsschritt zu beraten (vgl. Minuchin/

Fishman 1983; Selvini/Palazzoli). Besucht der Familienberater eine Familie zuhause – „Gehstruktur" im Unterschied zur „Kommstruktur" – dann erhält seine Tätigkeit mehr den Charakter einer Dienstleistung, die von der Familie mitbestimmt wird. Sie weist ihm den Raum an, in dem das Gespräch stattfinden soll, gestaltet die Sitzordnung nach ihren Gewohnheiten. Da die Familienanghörigen in ihren eigenen vier Wänden sind, fällt es ihnen leichter, vereinbarte Regeln zu durchbrechen und den Beratungsprozeß unter die eigene Regie zu nehmen. Der Berater, hier nicht Herr des Reviers, muß sich mehr nach den Lebensgepflogenheiten in der Familie richten.

Verhältnis der Regelungsstufen zueinander

Umgangsstil und Atmosphäre in einer Gemeinschaft, das lebendige Ganze geht aus dem Zusammenspiel aller Regelungsstufen hervor. In der unmittelbaren Wahrnehmung lösen sich die Konturen der Regelungsstufen auf. In der einen Familie zieht uns eine Atmosphäre von Lebendigkeit und Offenheit in den gegenseitigen Beziehungen an, in einer anderen macht uns der chaotische Lebensstil ratlos. Trotzdem können wir im Ganzen charakteristische Formen des Zusammenspiels von Regelungsstufen ausmachen. Häufig *dominieren* bestimmte Regelungsstufen. Ihre Form, Macht auszuüben und Beziehungen zu gestalten, beherrscht das soziale System. Desweiteren sind zwischen den verschiedenen Regelungsstufen ganz bestimmte Wirkungskreise zu erkennen, die ein bestimmtes Rollengefüge *stabilisieren* oder eine *destabilisierende Wirkung* entfalten.
Die Typisierung sozialer Systeme ist ein Beispiel für die *Dominanz bestimmter Regelungsstufen.* Weber (nach Scott 1986, 50) kennzeichnet beispielsweise private wie öffentliche bürokratische Strukturen als rationale Organisationen. Die Verantwortlichkeit der Einzelnen, die dem System angehören, ist klar differenziert, die verschiedenen Posten sind hierarchisch gegliedert, die Angehörigen werden nach technischen Kriterien ausgewählt, die Beziehungen im System werden nach unpersönlichen Normen gesteuert.
Die Familie wird als primäre Gruppe bezeichnet, weil die Rollen vorrangig über die sozio-emotionalen Prozesse gestaltet werden. Sie gehen aus den persönlichen Bedürfnissen, Werten und Einstellungen der Beteiligten hervor, Konflikte werden persönlich ausgetragen. Dies ist der Idealtypus. In vielen Familien herrschen für kürzere oder längere Zeit andere Regelungsstufen vor. Wird das Zusammen-

leben in einer Familie durch die Interessen und persönlichen Eigenheiten Einzelner bestimmt, dann dominiert die personale (psychosomatische) Ebene. Dies ist beispielsweise der Fall, wenn die Eltern nicht in der Lage sind, die Familie zusammenzuhalten, weil sie sich von ihren augenblicklichen Stimmungen und Bedürfnissen leiten lassen. Zuverlässige Regelungen kommen nicht zustande, die psychischen Befindlichkeiten schlagen kaum modifiziert in die anderen Regelungsstufen durch. Auch dann, wenn ein System sich in der Auflösung befindet, weil ein Angehöriger vor allem seine persönlichen Interessen verfolgt, trägt das Ganze die Merkmale personal regierter Beziehungen. Dies ist schließlich auch der Fall, wenn Kontakte einseitig auf die Persönlichkeit einzelner Mitglieder zugeschnitten sind, wenn Eltern etwa ihre eigenen Interessen aufgeben, um ganz für ihr körperbehindertes Kind dazusein, oder wenn ein Vater seinen Willen jederzeit und bedingungslos mit körperlicher Gewalt durchsetzt.
Leicht kommt es in kinderreichen Familien dazu, daß die rationale Organisation die Beziehung beherrscht, vor allem dann, wenn die Eltern arm sind und nicht durch familienergänzende Einrichtungen, Nachbarn und Bekannte entlastet werden. Die Eltern sind dann voll beansprucht, die Mindestfunktionen der Familie aufrechtzuerhalten: möglichst billig einkaufen, kochen, waschen, Arztbesuche mit den Kindern, die Wohnung instandhalten. Die Kräfte reichen gerade aus, um die Versorgung und soziale Sicherung der Familienangehörigen zu gewährleisten. Zweckmäßigkeit wird zum Überlebensprinzip, weil Belastungen, die eine Entfaltung der sozio-emotionalen Beziehung mit sich brächte, nicht mehr aufgefangen werden können. Rational-organisatorisch bestimmt sind auch Beziehungen zwischen Angehörigen, die sich innerlich voneinander entfernt oder entfremdet haben, aber ihre Gemeinschaft aus Vernunftgründen weiterführen, z. B. wegen der Kinder oder um Zeit für eine Wiederannäherung zu gewinnen. Eine solche Familie beeindruckt unter Umständen dadurch, daß sie die alltäglichen Aufgaben bestens meistert und man ohne größere Reibungen zusammenlebt.
Gesellschaftliche Regelungsformen dominieren vor allem in Gestalt materieller Einflüsse auf das Familienleben und rechtlicher Regelung familiärer Konflikte.
Das wirtschaftliche System regiert z. B. eine Familie, die wegen Dauerarbeitslosigkeit des Ernährers oder Überschuldung fortwährend unter finanziellem Druck lebt. Es beherrscht die Familie auch über die Regelung von Arbeitszeiten. Väter und Mütter werden der Familie entzogen, wenn sie Schichtarbeit und Überstunden leisten,

oder als Monteure, Fernfahrer, Werksingenieure für Tage, Wochen und Monate von ihrer Familie getrennt werden. Gesellschaftlich dominiert ist das Zusammensein in einer Familie, das Lebendigkeit und Farbe aus Video-, Fensehfilmen und Illustrierten bezieht, während gemeinsame Stunden ohne einen Konsumanreiz als langweilig und inhaltsleer empfunden werden.
Herrschen rechtliche Regelungen vor, werden die Rollen als Pflichtverhältnis etabliert. Denn „die in den Rechtssätzen vorgesehenen Rechtsfolgen bestehen in Pflichten" (Engisch 1983, 21). Rechtliche Regelungen legen fest, wie Menschen sich verhalten sollen und was sie zu unterlassen haben. Sie orientieren sich an der Logik des Rechtssatzes, der bestimmte Tatbestände an bestimmte Rechtsfolgen knüpft. Der Sinngehalt eines Rechtssatzes muß nicht dem Sinn, den Menschen auf den anderen Regelungsstufen setzen, entsprechen. Rechtliche Regelungen können Konflikte fixieren, aber auch als Verbindungsstücke wirken, die den Mangel an sozio-emotionalen Bindungen ausgleichen und an denen allmählich neue Stränge persönlicher Beziehungen entlangwachsen. Mit einer rechtlichen Regelung ist die Neubestimmung zwischenmenschlicher Beziehungen noch lange nicht abgeschlossen. Die rechtliche Scheidung muß beispielsweise von den Betroffenen, den Eltern und Kindern, psychisch und sozio-emotional verarbeitet werden, der Sinn der Gemeinschaft muß neu gefaßt, die Machtkonstellation zwischen Eltern und Kindern neu entwickelt werden. Eine Stieffamilie hat die Rollensysteme zweier Familien miteinander zu verbinden. Daher hat sie es ungleich schwerer als die einfache Familie, ein stabiles Rollengefüge zu entwickeln; zumal sich Stiefeltern und -kinder in ihre familiären Rollen nicht mehr ohne weiteres am gesellschaftsüblichen Modell der Kernfamilie orientieren können (vgl. Krähenbühl u. a. 1986).
Im Rahmen gesetzlicher Regelungen ist erstes Ziel der Familienarbeit, rechtliche Lösungen überflüssig zu machen und Übereinkunft auf der rational-organisatorischen und sozio-emotionalen Ebene in der Familie zu suchen. Soweit aber rechtlich formalisierte Rollenfixierungen nicht zu vermeiden sind, soll soziale Familienarbeit erreichen, daß solche Regelungen funktional und nicht destruktiv wirken. Wo allerdings die Justiz zerstörerisch in das familiäre Beziehungsnetz eingreift, etwa durch die zwangsweise Räumung einer Wohnung oder die Inhaftierung eines Familienangehörigen, kann soziale Familienarbeit bestenfalls die negativen Folgen solcher Zwangsmaßnahmen etwas mildern.
Im *Wirkungskreis gegenseitiger Stabilisierung* stützt die Ordnung auf

der einen Ebene die Beziehungsmuster auf anderen Regelungsstufen. Die Dominanz einer Regelungsstufe kann das Ergebnis eines Wechselspiels sein, in dem sich Stärken auf der einen und Defizite auf der anderen Stufe komplementär fixieren. In einer Familie herrscht das rational-organisatorische Gesetz des reibungslosen Zusammenlebens vor. Dies erschwert allen Beteiligten, persönliche Konflikte offen auszusprechen, je weniger dies möglich ist, desto größer wird die Angst vor der Sprengkraft sozio-emotionaler Prozesse und desto mehr schließen sich die Familienangehörigen wiederum zusammen, um die rationale Organisation zu schützen.
Ein solcher Vorgang komplementärer Fixierung, man könnte auch von einer *kompensatorischen* Beziehung zwischen den Regelungsstufen sprechen, erklärt auch die wichtige Funktion des Fernsehers und Videogeräts für viele Familien. Über sie wird die Familie nach gesellschaftlich regulierten Mustern mit emotionalen Ersatzkontakten beliefert. Dies entlastet insbesondere Familien, deren Beziehungen auf der persönlichen Ebene verarmt sind. Da sie miteinander wenig anfangen können, werden sie umso abhängiger von den audiovisuellen Ersatzbeziehungen. Sozio-emotionale und gesellschaftliche Regelungsform gehen auf diese Weise eine stabile Verbindung ein. Bleibt festzustellen, daß Eltern, die wenig Geld haben, und mehr als die übliche Normzahl von zwei Kindern zu erziehen haben, auf solche Entlastungen nicht ohne weiteres verzichten können, es sei denn, man bietet ihnen einen Ausgleich an, etwa Hortplätze und Kindertagesstätten, Wohn- und Lebensraum, in dem ihre Kinder Platz zum Spielen haben und die Möglichkeit, ihre Arbeitszeiten auf die familiären Erfordernisse abzustimmen.
Zwischen den Regelungsstufen können sich Teufelskreise etablieren, die die Familie in einer Notsituation festhalten oder ein Wechselspiel, in dem die Funktionsfähigkeit der einen Stufe die gegenseitige Anpassung auf den anderen positiv fördert. Beispielsweise bieten alle Regelungsstufen gute Bedingungen, die schulische Leistungsfähigkeit der Kinder zu fördern. Die Eltern, die selbst Abitur gemacht haben, können die Situation in einer Gymnasialklasse nachvollziehen und ihre Kinder verständnisvoll (personale Stufe) unterstützen. Die Eltern achten darauf, daß die Kinder regelmäßig ihre Hausaufgaben machen und dabei von ihren Geschwistern nicht gestört werden (rational-organisatorische Stufe). Die Eltern sind bei den Lehrern angesehen und halten guten Kontakt mit ihnen (gesellschaftliche Regelungsstufe). Außerdem ist die Wohnung groß genug, so daß jedes Kind seinen Platz hat, an dem es in Ruhe seine Hausaufgaben

erledigen kann (ökosystemische Regelungsstufe). In einer anderen Familie ist schulisches Versagen programmiert. Die Eltern reagieren auf schlechte Noten mit Ärger und Druck auf die Kinder. Sie halten es nicht durch, die Kinder regelmäßig zu den Schulaufgaben anzuhalten. Dies fällt ihnen auch deswegen schwer, weil Kinder und Eltern bei den beengten Wohnverhältnissen fortwährend einander in die Quere kommen. Das Kind, das am Tisch sitzt und seine Hausarbeiten macht, nimmt den anderen Geschwistern den Platz zum Spielen und behindert auch die Eltern bei der Erledigung ihrer Arbeiten im Haushalt. Den Kontakt zu den Lehrern meiden die Eltern, da ihnen die Gespräche über die Schulschwierigkeiten ihrer Kinder peinlich sind.

Wie eine Stabilisierung der Familienverhältnisse kann auch eine *Destabilisierung* von jeder Regelungsstufe ausgehen. Da sich die Menschen und ihre Lebensbedingungen unaufhörlich, wenn auch oft unmerklich, wandeln, sind Phasen der Destabilisierung familiärer Beziehungen unausweichlich. Die typisierenden Darstellungen zu den Entwicklungsphasen der Familie orientieren sich an den Veränderungen auf der personalen und sozio-emotionalen Beziehungsebene. Im Zentrum der Betrachtensweise stehen die Kinder (siehe Kapitel IV). Wir könnten auch Phasen der Familienentwicklung am beruflichen Werdegang der Eltern (Destabilisierung über die gesellschaftliche Regelungsstufe) orientieren. Typische Abschnitte der Familienentwicklung wären dann: Berufstätigkeit beider Ehepartner, die Ehefrau zieht sich aus dem Beruf zurück, um die Kinder zu betreuen und der Ehemann ist Alleinverdiener; dann folgt eine Phase, in der sich die Frau erneut nach außen orientiert und die entweder in eine Berufstätigkeit mündet oder aber eine neue Definition ihrer Hausfrauenrolle und schließlich Rückzug der Eltern aus dem Beruf. Eine solche Phasendarstellung wäre zu ergänzen durch die Wechselfälle des beruflichen Lebens, wie z. B. vorübergehende oder dauernde Arbeitslosigkeit und Wechsel der Arbeitsstelle.

Familiäre Schwierigkeiten können von einem Krisenzentrum ausgehen, das in einer bestimmten Regelungsstufe lokalisiert ist. Aufgrund der Wechselwirkung zwischen den Stufen kann man sich leicht über den Ort solcher Brennpunkte täuschen. Ehepartner, deren gemeinsame Zeit und seelische Energie durch ihre Berufstätigkeit aufgebraucht wird, leben sich auseinander, das gegenseitige Verständnis geht verloren. Häufig nehmen die Betroffenen irrtümlicherweise an, es läge in erster Linie an ihnen persönlich, daß die Nähe und die Freude am Zusammensein allmählich verloren gehen. Sie verkennen, daß das Problem in der gegenwärtigen gesellschaftlichen Regelung ihrer Beziehung liegt. In anderen Fällen liegen die Verhältnisse gerade umgekehrt. Familienangehörige überlasten sich mit Arbeit, um persönlichen Problemen zu entfliehen. Der Brennpunkt liegt im sozio-emotionalen Bereich, auch wenn die Beteiligten davon überzeugt sind, daß berufliche Zwänge das Feld beherrschen. Sozio-emotionale Konflikte werden auf die gesellschaftliche Regelungsstufe verlagert, wir können auch sagen, in Prozesse auf dieser Stufe *überführt* oder *umgeformt*. Solche Umformungen kommen häufig vor. Statt über den Mangel an Anerkennung und Zuwendung wird über die ungerechte und unvernünftige Geldeinteilung gestritten, statt daß der Mann seine Unzufriedenheit mit einer geltenden Regelung offen eingesteht, etwa seiner Beteiligung an der Versorgung der Kinder, gelingt es auf rätselhafte Weise trotz aller Bemühungen nicht, eine funktionierende Arbeitsteilung zu organisieren.

Die Tatsache, daß Wirkungen auf einer Stufe sich allen anderen Regelungsstufen mitteilen können, eröffnet Spielräume für die methodische Arbeit in sozialen Systemen. Der Familienberater ist nicht in jedem Fall genötigt, das Problem auf der Regelungsebene anzugehen, auf der es ihm angeboten wird oder ihm eindrucksvoll entgegenkommt. Er kann vielmehr in der Ebene ansetzen, die ihm am ehesten eine konstruktive Zusammenarbeit mit der Familie verspricht. Beispielsweise kommt der Familienberater in einem Ablösungskonflikt eines Jugendlichen mit seinen Eltern auf der personalen und sozio-emotionalen Stufe nicht mehr weiter. Wenn er die persönliche Seite der Konflikte anspricht, wühlt er nur die Gefühle der Beteiligten auf, ohne daß es zu einer Klärung und Veränderung der Positionen kommt. Er führt das Gespräch deswegen auf der rational-organisatorischen Ebene weiter und wirft die Frage auf, inwieweit das Familienleben so organisiert werden könnte, daß der Sohn mehr Zeit für sich selber hat.

Der Berater wird auf der Regelungsstufe intervenieren, die ihm ermöglicht, Macht in einem sozialen System auszuüben. Wenn er mit Angehörigen nicht über ihre persönlichen Motive reden kann, dann vielleicht doch über die Zweckmäßigkeit ihres Handelns. Frau Z. nimmt nicht nur Beistand auf der sozio-emotionalen Ebene an, indem sie sich mit ihren persönlichen Nöten an die Beraterin wendet, sie wird auch an einer Veränderung der Organisation ihres Haushaltes mitarbeiten. Erste Entlastungen sind gerade auf der rational-organisatorischen Stufe schnell zu erreichen. Dies geschieht etwa durch Familienhelfer, die Eltern kurzfristig von Arbeit entlasten.

Oftmals ist dem Berater auf der Regelungsstufe, auf der die Hauptursache der Probleme liegt, keine Macht gegeben. Arbeitslosigkeit wirkt sich beispielsweise in allen Bereichen des Familienlebens aus. Der Familienberater kann dazu beitragen, daß die persönlichen Folgen für die Eltern und Kinder gemildert werden. Er kann bei der Umorganisation der Familie mithelfen, die dadurch nötig wird, daß der Arbeitslose zuhause ist, die wirtschaftliche Situation, in der das Übel wurzelt, kann er nicht verändern. Er hat weder Geld noch Arbeit zu verteilen. Es mangelt ihm an Machtpotential auf der gesellschaftlichen Regelungsstufe.

VII Systembild und Mehrschichtigkeit zwischenmenschlicher Beziehungen

Mit der Beschreibung der Regelungsstufen in den sozialen Beziehungen sind die wesentlichen Bereiche oder – dynamisch gesehen – Prozesse, die ein soziales System bilden, umrissen. Im Beziehungsgewebe einer Gesellschaft zeichnen sich die sozialen Systeme in kurzzeitigen (Luhmann nennt sie „einfache Sozialsysteme") oder überdauernden Interaktionsmustern ab, die eine eigene Sinnbestimmung haben und einen eigenen Informationsbestand erhalten. Diese Komponenten bilden soziale Systeme als spezielle Rollengefüge und Machtkonstellationen aus. Da soziale Systeme im Austausch mit der Umwelt stehen, gehört zu jedem Systembild einer Gemeinschaft die Beschreibung ihres interaktionellen und durchschnittlichen Lebensraumes.
Im Rahmen dieses Systembildes (siehe Abb. 4 und 5, S. 43, 51) gewinnt der Hinweis auf die Mehrschichtigkeit zwischenmenschlicher Beziehungen eine klare Bedeutung. Soziale Vorgänge spielen sich in den fünf Regelungsstufen und im Lebensraum einer Gemeinschaft ab. In jedem Areal erscheinen sie in anderer Funktion, und gewinnen sie eine eigene Qualität. Das Systembild gibt die Anatomie sozialer Erscheinungen wieder und weist die Bereiche auf, in denen sie sich ausgestalten. Eine kurze Darstellung zum Thema „Mütterlichkeit", zur Auffassung familiärer Problemsituationen und zu übergreifenden Merkmalen methodischer Arbeit illustriert dies.

Beispiel „Mütterlichkeit"

Der Erwachsene, der sich *mütterlich* verhält, läßt sich in „lebendige soziale Interaktion mit dem Kind" ein und reagiert „prompt" auf seine Signale und Ernährungsversuche (Bowlby 1984, 281). In dieser Definition liegt der wesentliche Gehalt der Mutterrolle in der sozioemotionalen Beziehung. Bemerkenswert ist, daß in dieser Rollenbestimmung auch negative Gefühlsqualitäten ihren Platz haben, denn in der lebendigen Interaktion zwischen Mutter und Kind kommt es auch vor, daß die Mutter aggressiv auf das Kind reagiert und seine Annäherungsversuche abweist. Im großen und ganzen sollte sie allerdings verständnisvoll und warmherzig mit dem Kind umgehen

und auch im Konflikt seine Interessen nicht aus den Augen verlieren. In der Zeit, in der das Kind im Leib der Mutter heranreift, während der Geburt und wenn sie das Kind säugt, ist die Mütterlichkeit durch die biologische Rolle der Frau bestimmt. Mütterliche Funktionen und mütterliches Verhalten sind jedoch schon im Säuglingsalter des Kindes nicht mehr an die leibliche Mutter gebunden. Auch der Vater des Kindes und andere Personen als die biologischen Eltern können mütterliche Beziehungen zu einem Kind aufbauen. Entscheidend ist, ob sie persönlich in der Lage sind und die Bereitschaft aufbringen (psychosomatische Systemstufe), für das Kind zu sorgen, sich mit ihm auseinanderzusetzen und ihm Unterstützung in den verschiedenen Entwicklungsphasen anzubieten. Nicht die biologische Mutterschaft, sondern das konkrete Verhalten, die faktische Mutterschaft (vgl. Hassenstein 1977), bildet die Substanz der mütterlichen Beziehung. Auf der sozio-emotionalen Regelungsstufe beurteilen wir die Qualität der Mutterrolle nach Maßstäben wie Warmherzigkeit, Akzeptierung des Kindes, Ausmaß persönlicher Zuwendung, Qualität des Körperkontaktes zum Kind, Angemessenheit der Reaktionen auf das Kind.
Mütterlichkeit ist auch im rational-organisatorischen Zusammenhang der Familie zu sehen. Zuneigung zum Kind, Bereitschaft und Fähigkeit, auf ein Kind einzugehen, reichen allein nicht aus. Die mütterliche Rolle erfordert auch vorausschauendes, effektives Handeln. Der Einkauf muß organisiert werden, damit alle Dinge, die nötig sind, um ein Kind sauber- und warmzuhalten, es richtig zu ernähren, vorhanden sind. Mutter und Vater werden es schwer haben, sich Kindern in Ruhe zu widmen, wenn die Arbeiten im Haushalt nicht effektiv organisiert sind. Auf der rational-organisatorischen Ebene berurteilen wir die Qualität mütterlichen Verhaltens unter sachlichen Gesichtspunkten wie Informationsstand der Eltern im Hinblick auf Versorgung und Erziehung der Kinder, Aufklärung über psychische und körperliche Erkrankungen im Kindesalter. Wir fragen, ob die Art und Weise, wie die Eltern ihre Kinder behandeln, dem Entwicklungsstand der Kinder angemessen und geeignet ist, seine Entwicklung zu fördern.
In jeder Familie wird die Mutterrolle auch gesellschaftlich bestimmt. Über das Erziehungsgeld wird beispielsweise eine berufstätige Frau veranlaßt, im ersten halben Jahr nach der Geburt ihres Kindes zu Hause zu bleiben. Wann immer sich ein Vertreter gesellschaftlicher Systeme in die Versorgung und Erziehung der Kinder einmischt und das Verhalten von Eltern und Kind beeinflußt – als Arzt, Jugendrich-

ter, Lehrer, Sozialarbeiter, Psychologe – wird mütterliches Verhalten in der Familie gesellschaftlich reguliert. Die Qualität solcher Interventionen beurteilen wir nicht nur sozio-emotional auf ihre menschliche Qualität und rational-organisatorisch auf ihre Effektivität hin, sondern auch nach allgemeinen Kriterien, wie z. B. fachliche Qualität, rechtliche Absicherung der Intervention, Finanzierbarkeit der Dienstleistung.

Auf der öko-systemischen Stufe sehen wir Mütterlichkeit in den Wohnbedingungen der Familie. Jede Wohnung unterstützt oder verhindert die Entfaltung mütterlicher Qualitäten. Es gibt Einrichtungen, die in ihrer peniblen Ordnung und Empfindlichkeit den lebendigen Spielraum mütterlicher und kindlicher Interaktionen behindern und andere, die ein spontanes und entspanntes Verhältnis zwischen den Eltern fördern. In den Grundrissen von Wohnungen ist das in der Gesellschaft übliche und für sinnvoll erachtete Ordnungssystem vorgegeben: Mütterlichkeit findet in der Kernfamilie, aufgeteilt in Funktionsbereiche, statt. Mahlzeiten zubereiten in der Küche, Zusammensein mit der Familie im Wohnzimmer, zum Schlafen wird das elterliche vom kindlichen Subsystem abgetrennt, dafür sind ein elterliches Schlafzimmer und ein oder zwei Kinderzimmer vorgesehen. Für andere Familienformen als die Kernfamilien ist Wohnraum kaum zu finden, etwa für Wohngemeinschaften Alleinerziehender. Große Familien kommen in der Regel nur zu teuren Mieten unter.

Wenn wir die Bereiche des sozialen Systems weiter durchwandern, kommen wir zum Umfeld der Familie. Mütterlichkeit betrachten wir hier im Zusammenhang mit dem interaktionellen Lebensraum einer Familie. Wir überprüfen, inwieweit persönliche Bekannte der Familie bei der Gestaltung der Mutter-Kind-Beziehung mitwirken (primäres Umfeld); ebenso, inwieweit sekundäre Einrichtungen wie z.B. Kindergärten, Horte, Pflegestellen in Anspruch genommen werden. Dabei spielt mit, welche Möglichkeiten die durchschnittliche Ausstattung des Lebensraumes überhaupt bietet, z. B. ist es in einem Stadtteil, in dem die Mieter häufig wechseln, schwierig, nachbarliche Beziehungen zu knüpfen. Mütterlichkeit messen wir hier an den Qualitäten des Lebensraums: bietet er in seiner Infrastruktur Dienstleistungen an, die die Versorgung und Erziehung der Kinder erleichtern? Bietet er als Ökosystem den Kindern Räume, in denen sie Anregung finden und sich ungefährdet bewegen können? Ist es für Eltern und Kinder in diesem Wohngebiet leicht, Kontakt zu halten (übersichtliche Bebauung, Spielmöglichkeit in der nahen Umgebung)?

Schließlich fragen wir, wie sich Mütterlichkeit in der Gestaltung gesellschaftlicher Systeme ausdrückt. Im Rahmen des ökonomischen Systems wird mütterliche Tätigkeit als Dienstleistung registriert. Sie beinhaltet die „Pflege und Aufzucht" und die Sozialisation neuer Mitglieder der Gesellschaft, trägt zur Wiederherstellung der Arbeitskraft jener Kinder bei, die als Lehrlinge oder voll Berufstätige noch zu Hause leben. Diese Dienstleistungen werden ohne Bezahlung erbracht. Ein Politiker, der in einer Diskussion über Berufstätigkeit von Frauen diesen mehr Mütterlichkeit empfiehlt, erntet zu Recht empörten Widerstand. Denn seine Äußerung ist im gesellschaftlichen Systemzusammenhang zu bewerten. Im Kampf um die gesellschaftliche Gleichbehandlung von Mann und Frau möchte er die Frau in die Küche zurückschicken, statt über mehr Mütterlichkeit in der Organisation der Arbeitswelt nachzudenken, z. B. mehr Teilzeitarbeitsplätze, Gleitzeiten, die es Mann und Frau ermöglichen, Berufstätigkeit und Mütterlichkeit in Einklang zu bringen (vgl. Born, Vollmer 1983).
Die Arbeitsorganisation ist ein Beispiel dafür, daß Mütterlichkeit auch eine Eigenschaft gesellschaftlicher Systeme ist.
Jeder Aspekt von Mütterlichkeit hat seine eigene Bedeutung. Die Qualität persönlicher Fürsorge für das Kind ist in Kategorien des wirtschaftlichen Systems nicht zu fassen. Ebenso wenig erscheint die gesellschaftliche Existenz von Mütterlichkeit im Horizont der sozio-emotionalen Erlebniswelt zwischen Eltern und Kind. Es bestehen Wechselwirkungen zwischen den verschiedenen Regelungsstufen, sie sind aber in ihrem Sinngehalt und in den Funktionsweisen nicht identisch, das Eltern-Kind-Verhältnis ist weder „eigentlich gesellschaftlich bestimmt" noch „letztlich sozio-emotional". Jede Stufe besitzt substantielle Qualitäten von Mütterlichkeit.

Auffassung familiärer Problemsituationen

Unsere Auffassung familiärer Problemsituationen orientiert sich an drei Leitfragen. *Beschreibung:* Wie treten die Probleme in den verschiedenen Bereichen des Familiensystems in Erscheinung? *Verständnis und Erklärung:* Welche Prozesse führten zur Problemsituation und welche fixieren sie in der Gegenwart? *Ressourcen:* Welche Gegebenheiten in den verschiedenen Bereichen des Familiensystems bieten einen Ansatz für das Bemühen, die Problemsituation zu beheben oder zu mildern?

In den vorangegangenen Darstellungen wurden diese Fragen behandelt, so daß hier die wichtigen Gesichtspunkte zur Erfassung sozialer Problemsituationen zusammenfassend dargestellt werden.

Systemübergreifende Thematisierung der Problemsituation

In den vielfältigen Schwierigkeiten von Familien drücken sich zentrale Motive aus und schlagen sich grundlegende Existenzbedingungen nieder, die alle Bereiche des Zusammenlebens bestimmen. In ihnen erfassen wir systemübergreifende Themen familiärer Problemlagen. Beispiele dafür sind typische Beziehungsprobleme in Stieffamilien, Schwierigkeiten, die aus dauernder Arbeitslosigkeit der Eltern erwachsen, die Probleme unterprivilegierter Familien in sozialen Brennpunkten, die Probleme alleinerziehender Mütter und Väter, die Schwierigkeiten, die ein psychisch krankes Familienmitglied mit sich bringt, Eltern, die ihre Kinder in die Rolle des Partnerersatzes bringen.
In der bereichsbezogenen Auffassung werden die Problemzusammenhänge im einzelnen analysiert.

Regelungsstufen der innerfamiliären Beziehungen

– Personale Regelungsstufe
Die individuelle Dimension der familiären Problemlage wird ermittelt. Es wird festgestellt, wie sich die Familienprobleme körperlich und psychisch bei den einzelnen Familienangehörigen zeigen und inwieweit körperliche Eigenarten der einzelnen Angehörigen zur Problemsituation beitragen. Nach dem Wechselwirkungsprinzip sind Krankheiten im körperlichen Bereich und ebenso psychische Störungen sowohl als Ursachen wie auch als Folgen familiärer Probleme zu sehen. Wie im Kapitel III zur Zirkularität ausgeführt wurde, muß auch das linear-kausale Modell beachtet werden. Familiäre Schwierigkeiten können auch primär von einem körperlich oder psychisch gestörten Familienangehörigen ausgehen. Da das Familiensystem aus den Wechselwirkungen zwischen den Motiven und Anschauungen der Familienangehörigen hervorgeht und eine Form gegenseitiger Anpassung ist, sind die Ziele der Einzelnen, ihr Selbstbild und ihre Anpassungsstrategien besonders wichtig. Zu fragen ist auch, wie sie die Problemlage beurteilen, und wie mit ihr umzugehen sie beschlossen haben (geistige Dimension, siehe S. 54).

Die Ressourcen des Familiensystems liegen hier in den persönlichen Stärken der einzelnen Familienmitglieder.

– Sozio-emotionale Regelungsstufe

Es wird die persönliche, gefühlsverhaftete Seite zwischenmenschlicher Schwierigkeiten in der Familie herausgestellt, wie z.B. enttäuschte Erwartungen, bestimmte Verhaltensmuster und Formen persönlicher Machtausübung, die sich im Umgang mit Konflikten innerhalb der Familie herausgebildet haben.

Unter strukturellen Aspekten ist das Familiensoziogramm von Bedeutung. Schwierige Positionen sind etwa die Isolation eines Familienangehörigen oder Koalition eines Elternteils mit einem Kind gegen den anderen Elternteil. Die Ressourcen liegen in der persönlichen Bindung der Familienangehörigen. Sie liegen nicht nur im Zusammenspiel zwischen den Angehörigen, das wir als befriedigend ansehen, sondern auch in den Problemaspekten. So zeigt sich in einer einengenden Erziehung auch Engagement für die Kinder, in der Distanz zwischen Familienangehörigen auch das Bemühen, Aggressionen zu kontrollieren und destruktive Auseinandersetzung zu vermeiden. Es ist sehr wichtig, das positive Engagement in den Beziehungsschwierigkeiten zu erkennen und ausdrücklich anzuerkennen.

– Rational-organisatorische Regelungsstufe

Es wird auf die Schwierigkeiten des Familiensystems im Zusammenhang mit Effektivität und Angemessenheit des Handelns abgehoben. Inwieweit sind Sachzwänge, die sich aus der Größe der Familie und der Art, wie sie sich organisiert, an den Schwierigkeiten beteiligt? Weist das System planerische Mängel auf?

Wechselbeziehungen zur sozio-emotionalen Regelungsstufe sind zu berücksichtigen. Es gibt Erziehungsprobleme, weil Eltern von der altersmäßigen Leistungsfähigkeit der Kinder falsche Vorstellungen haben; die Auswirkungen von Alkoholismus oder psychische Erkrankung werden verschlimmert, weil die Angehörigen über Verlauf der Krankheit und angemessene Reaktionsformen nicht Bescheid wissen; es kommt zu sexuellen Problemen, weil die Partner über das Zusammenspiel von Körper und Psyche in diesem Bereich falsche Vorstellungen haben.

Ressourcen liegen hier in den Möglichkeiten der Familienmitglieder, sich an bestimmte Vereinbarungen zu halten und geplant zusammenarbeiten.

– Gesellschaftliche Regelungsstufe

Hier wird auf die Bedingungen innerfamiliärer Schwierigkeiten abgehoben, die durch den unmittelbaren Einfluß gesellschaftlicher

Mächte gesetzt werden, etwa materiell durch die Überschuldung einer Familie infolge von Ratenkäufen, oder die Brutalisierung vernachlässigter Kinder durch ungehinderten Konsum von Gewaltvideos.
Wechselwirkungen zu den anderen Regelungsstufen werden beschrieben. Arbeitslosigkeit stürzt beispielsweise den betroffenen Familienangehörigen in Minderwertigkeitsgefühle und Zukunftsangst, die er durch Alkohol dämpft (personale Regelungsstufe), Angst vor dem sozialen Abstieg bewirken unter anderem auch vermehrten Leistungsdruck auf die Kinder (sozio-emotionale Stufe), der wachsende Schuldenberg führt dazu, daß die Eltern jede Planung von Geldausgaben aufgeben; Briefe, die nach Mahnungen aussehen, werden nicht mehr geöffnet (rational-organisatorische Stufe).
Ressourcen auf der gesellschaftlichen Regelungsstufe liegen im Nutzen, den Außenstehende als Vertreter bestimmter Organisationen in einer Familie schaffen können und im Nutzen, der in Geld und Waren liegt.
– Öko-systemische Regelungsstufe
Welche Belastungen liegen in den Wohnverhältnissen der Familie? Zusammenhänge mit anderen Aspekten der sozialen Beziehungen bestehen z. B. darin, daß die Wohnung eine effektive Organisation des Haushaltes nicht zuläßt (rational-organisatorische Stufe), weil sie zu wenig Platz hat oder ungünstig geschnitten ist. Öko-systemische Benachteiligung kann gesellschaftliche Deklassierung fördern: Familien, die im Leistungssystem der Gesellschaft nicht mithalten und daher eine angemessene Wohnung nicht bezahlen können, werden in Einfachstwohnungen im ortsbekannten Stadtteil einquartiert. Ein Angehöriger, der bei einer Bewerbung diese Adresse angibt, wird gegenüber anderen Stellensuchenden in der Regel benachteiligt. Sein Wohnquartier erschwert ihm den Anschluß an die Normalverhältnisse.
Die Ressourcen der öko-systemischen Regelungsstufe liegen in den Aspekten des Wohnraums, die die persönliche Entwicklung der Familienangehörigen fördern und befriedigende Beziehungen zwischen ihnen ermöglichen. Eine Wohnung, derer man sich nicht schämen muß und die genügend Raum hat, unterstützt Eltern und Kinder darin, ihre Bekanntschaften und Freundschaften zu pflegen.

Interaktioneller und durchschnittlicher Lebensraum der Familie

– Primäre Außenbeziehungen
Welche Belastungen ergeben sich aus persönlichen Beziehungen im Kreise der erweiterten Familie, also zu den Großeltern und anderen Verwandten? In welcher Weise tragen freundschaftliche Beziehungen, Kontakte mit Bekannten, nachbarschaftliche Kontakte, Beziehungen in Vereinen und informelle Kontakte am Arbeitsplatz zu den Familienproblemen bei?
Sind die Außenbeziehungen entwickelt oder schottet sich die Familie ab, so daß das Netz verwandtschaftlicher, nachbarlicher und freundschaftlicher Beziehungen als Ressourcensystem ausfällt? Wie sind die primären Außenbeziehungen in der Familie im Verhältnis zum durchschnittlichen primären Beziehungsnetz im Wohnviertel der Familie einzuschätzen?
– Außenbeziehungen zu sekundären Einrichtungen
Welche soziale Einrichtungen nimmt die Familie in Anspruch? Entstehen Schwierigkeiten zusätzlich dadurch, daß die Familie Einrichtungen, die sie in ihren Aufgaben unterstützen könnte, nicht nützt, obwohl sie im Wohngebiet – Ausstattung des durchschnittlichen Lebensraumes mit sekundären Einrichtungen – vorhanden sind?
Inwieweit erschwert oder fördert der Lebensraum als gesamtes Ökosystem die positive Entwicklung familiärer Beziehungen?
Naturgemäß wird ein Mensch besonders die Seiten eines Familienproblems aufnehmen, für die er aufgrund seiner Interessenlage, seiner momentanen Befindlichkeit und aufgrund seines Weltbildes sensibilisiert ist. Frau Z. schildert beispielsweise in ihrem ersten Gespräch (siehe S. 7) besonders ausführlich die personale und sozioemotionale Seite ihrer familiären Schwierigkeiten. Sie beschreibt die Verhaltensschwierigkeiten der Kinder, die ihr zusetzen, den täglichen Kampf, den sie auszufechten hat, um die Familie einigermaßen funktionsfähig zu erhalten, die Angst, ihren Freund wegen der Kinder zu verlieren. Gesellschaftliche Einflüsse kommen nur am Rande zur Sprache und nur als Ereignisse, die Belastungen mit sich bringen oder erwarten lassen: der Anruf der Lehrerin wegen der Schulschwierigkeiten des ältesten Kindes, finanzielle Schwierigkeiten, die ins Haus stehen, erwarteter Ärger mit Anwälten und Behörden.
Auch der Familienberater wird je nach institutionellem Auftrag und Arbeitskonzeption bestimmte Areale des Familienproblems mehr beachten als andere. Eine umfassende, in allen Bereichen detaillierte Darstellung einer familiären Lebenslage kann nur von einem

Team erstellt werden. Die Arbeitsökonomie verbietet, mit großem Aufwand ein Psychogramm jedes einzelnen Familienangehörigen zu erstellen oder detailliert die Infrastruktur des Wohngebietes zu erfassen, wenn die Handlungsstrategie nicht hauptsächlich auf diese Bereiche ausgerichtet ist und die Einflußmöglichkeit – das Machtpotential – in diesem Bereich nicht greift. Allerdings wird ein Berater mit der Familie verständnisvoller und effektiver zusammenarbeiten, wenn er über die Grenzen seiner Arbeitsprovinz hinausschaut und sich in groben Zügen eine Vorstellung von der gesamten Lebenssituation der Familie bildet.

Übergreifende Merkmale methodischer Arbeit

Die Auffassung von Problemsituationen ist eine der drei Komponenten der Beraterrolle. Die anderen beiden Komponenten bestehen in der Zielsetzung und in der Arbeitsweise. Auch sie sind vielschichtig und prägen sich in den verschiedenen Regelungsstufen und im Lebensraum eines Systems unterschiedlich aus. Wenn wir verfolgen, wie die drei Rollenkomponenten in den verschiedenen Systembereichen ausgestaltet sind, erhalten wir ein charakteristisches Profil einer Arbeitsmethode bzw. der Beraterrolle. Seine Merkmale sind:
- Reichweite
- Systemkonkordanz
- Einschlägigkeit und
- Ressourcenbedarf.

Sie kennzeichnen sowohl methodische Arbeitsformen bzw. den Typus der Beraterrolle, der mit ihnen gegeben ist, als auch das Arbeitskonzept eines Beraters im Einzelfall. Die Merkmale bezeichnen den Stellenwert methodischer Arbeitsformen in sozialen Systemen und betreffen das Handlungskonzept als Ganzes, sind also system- und methodenübergreifende Kriterien.

Reichweite der Arbeitsformen

Die Einstufungen der Reichweite variieren zwischen „Breitbandmethode" oder „Allround-Einsatz" und „Spezialisiert auf bestimmte Bereiche sozialer Systeme". Gemeint ist der Wirkungskreis des reflektierten und verantworteten Handelns, der durch ein Konzept vorgegeben ist bzw. in der konkreten Arbeit vom Berater angestrebt wird. In den ungeplanten Effekten läßt sich die Reichweite eines

Einsatzes nicht beurteilen, können wir verschiedene Arbeitsformen deshalb auch nicht unterscheiden. Denn nach dem Prinzip der Ganzheitlichkeit sozialer Systeme greifen Einflüsse über einzelne Bereiche eines Systems hinaus, so daß letztlich alle Methoden „irgendwie" eine Breitbandwirkung entfalten. Das entscheidende Kriterium liegt im verantworteten Angebot des Beraters an die Klienten und in der klaren Absprache, wie dieses Angebot realisiert werden kann. Das macht eben den Unterschied zwischen „therapeutisch orientierter" Familienarbeit und Familientherapie, daß sich nur in der Familientherapie Familien wie Familienberater dem ausdrücklichen Anspruch stellen, ein bestimmtes Familienproblem, das sich in psychischen Störungen von Familienangehörigen ausdrückt, zu beheben. Wer „therapeutisch orientierte" Arbeit anbietet, meldet den Anspruch therapeutischer Kompetenz an, ohne volle therapeutische Verantwortung zu übernehmen.
Die Breitbandmethoden der sozialen Familienarbeit erfordern eine ausgearbeitete Darstellung der innerfamiliären Beziehungen wie des familiären Lebensfeldes. In den Breitbandverfahren übernimmt der Familienberater die Rolle eines Generalisten. Eine typische Breitbandmethode ist die sozialpädagogische Familienhilfe (siehe Teil 2). Der Familienhelfer teilt den Alltag der Familie, seine Mitwirkung wird in allen Bereichen des Familienlebens gefordert. Er beteiligt sich z. B. an der Klärung persönlicher Schwierigkeiten zwischen den Ehepartnern und zwischen Eltern und Kind (sozio-emotionale Ebene) oder hilft mit, eine Wohnung einzurichten (rational-organisatorische und öko-systemische Ebene). Er schaltet sich auch in die Außenkontakte der Familie ein, etwa indem er gemeinsame Wochenendunternehmungen mehrerer Familien organisiert.
Ein Beispiel für Arbeitsformen, die dem Pol „Spezialisierung auf einen bestimmten Sektor" zuzuordnen sind, geben die paradoxen Kurzzeittherapien der Familie (z. B. Selvini Palazzoli u. a. 1977) und der psychoanalytische Ansatz der Familientherapie (z. B. Stierlin u. a. 1977). Die Rolle des Familientherapeuten ist eine familieninterne Rolle und darauf zugeschnitten, die größte Wirkung in den sozio-emotionalen Beziehungen der Familienmitglieder zu entfalten. Sie konzentriert sich auf einen Ausschnitt familiärer Problemlagen. Bei sogenannten „Multi-Problem-Familien", zu denen auch die Familie Z. gehört, arbeitet man sinnvoller mit einem Breitbandkonzept. Es ist zwar in einzelnen Bereichen nicht so leistungsfähig wie eine spezialisierte Methode, hat aber den Vorteil, daß die Familie in allen Bereichen angesprochen und unterstützt werden kann. Der Fa-

milienberater kann sich somit flexibler den jeweiligen Erfordernissen anpassen. Optimal ist, spezialisierte Arbeitsformen und Breitbandmethoden zu kombinieren, wie dies in der familienorientierten sozialen Arbeit geschieht.

Einschlägigkeit der Arbeitsformen

Jedes Konzept methodischer Arbeit baut auf einem Grundstock von Alltagswissen und Alltagskompetenz des Familienberaters auf. Einschlägige Arbeitskonzepte fordern darüber hinaus, daß der Anwender über spezielle diagnostische Kenntnisse verfügt und ein spezialisiertes Instrumentarium für die Intervention in soziale Systeme beherrscht. Im Merkmal der Einschlägigkeit stufen wir die Anforderung ein, die eine Arbeitsform an die Kompetenz des Familienberaters stellt. Wir bewegen uns zwischen den Polen „Expertenkompetenz erforderlich" und „Alltagskompetenz reicht aus". Sind in einem Ansatz z. B. spezielle Kenntnisse aus der Neurosenlehre (Expertenkompetenz für die personale Systemebene) vorausgesetzt? Muß der Berater über rechtliche Kenntnisse verfügen (gesellschaftliche Regelungsstufe in der Familie)? Wird von ihm erwartet, daß er Angehörigengruppen aufbaut (primäres Netz der Außenbeziehungen)? Anhand des Systembildes der Familie können wir ermitteln, in welchen Bereichen die Anforderungen, die ein Handlungskonzept an den Familienberater stellt, von einem Menschen mit sozialer Alltagskompetenz zu erfüllen sind. Wobei Alltagskompetenz den Wissensstand, die soziale Geschicklichkeit, Belastbarkeit und Toleranz meint, die von einem Angehörigen einer Gesellschaft im Durchschnitt erwartet werden können.
Ein Beispiel für eine Handlungsstrategie, die in hohem Maße einschlägige Komptenz auf der sozio-emotionalen Ebene voraussetzt, gibt die paradoxe Intervention in der systemisch-strategischen Familientherapie. Die folgende Erläuterung von Minuchin und Fishman (1983, 314/315) belegt dies:
„Eine paradoxe Intervention ist eine Maßnahme, durch deren Befolgung gerade das Gegenteil dessen zustande kommt, was anscheinend damit erreicht werden sollte. Ihr Erfolg beruht darauf, daß die Familie den Anweisungen des Therapeuten offenen Widerstand entgegenbringt oder aber sie in geradezu absurder Weise und mit entgegengesetztem Erfolg befolgt . . . Die drei wichtigsten Techniken in diesem Zusammenhang sind die Umdefinition des Symptoms, die Verschreibung des Symptoms und schließlich die Warnung vor einer

Veränderung. Ein solches systemisches Paradoxon kommt in der Therapie mit der Familie Ellen zur Anwendung. Der achtjährige Sohn ist ein Schulversager. Der Therapeut stellt fest, daß das System der Mutter dient, denn weil sie die Enttäuschung, die sie über ihren Mann empfindet, diesem nicht zeigen kann, richtet sie sie lieber gegen ihren Sohn. Der Mann hat Pech im Beruf und anstatt seine Anstrengungen zu verdoppeln, verfällt er der Apathie. Der Mutter ist damit eine schwere Last aufgebürdet. Der Mann läßt erkennen, daß er zusammenbrechen würde, wenn man ihn offen mit diesem Sachverhalt konfrontieren wollte und seine Frau arbeitet insofern mit ihm zusammen, als sie ihn schützt. Immer wenn sie sich über seinen mangelnden Ehrgeiz und seine fehlende Initiative ärgert, nörgelt sie an Billy herum . . . Der Therapeut sagt zur Mutter, es sei sehr wichtig, daß sie sich auch weiterhin über Billy enttäuscht zeige, denn sonst könne es sein, daß sie ihre Enttäuschung über ihren Mann erkennen ließe. Das aber wäre riskant, denn ihr Mann könnte unter Umständen Depressionen bekommen. Billy dagegen sei jünger und nicht so schnell unterzukriegen. Er könne das alles besser verkraften. Billy erhält die Anweisung, seinen Vater weiterhin zu beschützen, indem er dafür sorgt, daß die Enttäuschung der Mutter auch in Zukunft nur ihm gilt; der Vater erhält ein Lob für seine Bereitschaft zur Zusammenarbeit . . . Bei dem Versuch, dieses Vorgehen anzuwenden, können den Therapeuten eine Reihe von Fehlern unterlaufen, der am weitesten verbreitete Fehler besteht darin, daß man einfach das Symptom verschreibt, ohne es mit dem System zu verknüpfen; Billy, Du sollst weiterhin ein schlechter Schüler und eine Enttäuschung für deine Mutter sein. Hier fehlt der therapeutische Druck, der sich erst daraus ergibt, daß man das Symptom neu und als dem System ähnlich definiert, sodann Symptom und System als positiv bezeichnet und der Familie beides verschreibt." (a. a. O., 315 ff.)
Zum Vergleich nun eine Darstellung zur sozialpädagogischen Familienhilfe; sie illustriert eine Arbeitsweise, die in der Nähe des Gegenpols rangiert; die Beschreibung hebt wesentlich auf die Alltagskompetenz des Helfers ab: „Als wesentlicher Wirkfaktor ihres Einsatzes stellen die Familienhelferinnen die Gespräche mit den Familien, bzw. mit den Müttern über deren Probleme im Kontext ihrer Familie heraus. Solche Gespräche finden nach ihrer Darstellung nicht abgehoben von anderen Tätigkeiten statt, sondern sie sind in diese eingebettet . . . Anknüpfpunkte ergeben sich etwa: Während die Familienhelferin die Schulaufgaben der Kinder betreut, bei Aktivitäten wie kochen, einkaufen etc., allgemein, wenn sie im Haushalt mit an-

packt, beim Zusammensitzen bei einer Tasse Kaffee, bei Freizeitunternehmungen. In diesen Gesprächen geben die Familienhelferinnen den Familien zwar Tips, Anstöße, Anregungen, sind auch Modell. Sie wollen aber die Familien durch dieses Verhalten nur aktivieren und zur Auseinandersetzung anregen, um ihnen damit wieder eine eigene Initiative zu ermöglichen." (Paulus 1985, 350)

Systemkonkordanz

Mit dem Merkmal der Systemkonkordanz setzen wir die Arbeitsform ins Verhältnis zum Rollengefüge einer sozialen Gemeinschaft. Es wird eingeschätzt, inwieweit die Auffassungen, Zielsetzungen und die Arbeitsweise eines Beraters mit den Verhaltensregeln, Interessen, Werten und Anschauungen der Angehörigen eines Systems übereinstimmen. Im Einzelfall beurteilen wir, inwieweit sich ein Berater in seinen Auffassungen, Zielen und Verhaltensweisen in ein bestimmtes Rollensystem einfügt. Wenn es um allgemeine Arbeitskonzepte – Arbeitsformen – geht, schätzen wir ein, inwieweit das dort beschriebene Beraterstereotyp in ein bestimmtes Beziehungssystem hineinpaßt. Die Einstufung variiert zwischen „Systemkonkordant" und „Systemdivergent".
Systemkonkordante Auffassungen stehen der Erfahrungswelt und der Denkweise der Klienten nahe. Der Familienberater hat keine große Übersetzungsarbeit zu leisten, wenn er den Familienangehörigen mitteilen will, wie er die familiären Beziehungen sieht und Beziehungsprobleme erklärt. In welchem Maße ein Konzept systemkonkordant bzw. -divergent ist, läßt sich nicht generell bestimmen. Es kommt immer darauf an, auf welche Familie im Einzelfall oder auf welches Problemfeld es angewandt wird.
Eine Familienpflegerin, die einspringt, weil die Mutter erkrankt ist, arbeitet systemkonkordant. Ihr Ziel darf nicht sein, in Abwesenheit dieser wichtigen Familienangehörigen neue Regeln einzuführen, etwa die Einrichtung der Küche umzustellen (rational-organisatorische und öko-systemische Ebene der Regelung), auch wenn dadurch die Arbeit besser von der Hand ginge.
Das Arbeitssetting systemkonkordanter Methoden fügt sich in die vorhandene Organisation eines Systems ein, während divergente Strategien spezielle Arrangements erfordern. Familien können Gespräche zu Hause („Geh-Struktur der Methode") in der Regel leichter mit der alltäglichen Organisation ihres Familienlebens vereinbaren als regelmäßige Treffen außerhalb („Komm-Struktur") Eine Rol-

lenbeschreibung, welche Hausbesuche des Beraters vorsieht, ist daher systemkonkordanter als eine, die das ausschließt.
Systemdivergent ist die Rolle eines Beraters, solange er einzig aufgrund gesetzlicher Macht in eine Beziehung eingreift, also ein gesellschaftlich reguliertes Zwangsverhältnis zu den Angehörigen eines Systems besteht.
Das Ausmaß der Systemkonkordanz ändert sich im Laufe der Arbeit mit den Familien. Die klassische Aufforderung an den Sozialarbeiter, „da anzufangen, wo der Klient steht", auf die Arbeit in sozialen Systemen übersetzt, lautet: „Gestalte in der Anfangsphase einer Beziehung Deine Rolle so, daß sie in das vorhandene Rollengefüge hineinpaßt – beginne systemkonkordant!" Erst, wenn der Familienberater den persönlichen Anschluß an die Familie gewonnen hat, kann er seinen Part systemdivergenter gestalten. Systemisch formuliert bestehen Änderungsziele darin, Divergenzen zwischen der Rolle des Beraters und den Rollen der Angehörigen eines Systems zu verringern. Methodische Arbeit steuert daher immer einen Prozeß gegenseitiger Anpassung des Beraters und der Angehörigen eines Systems. Sie beinhaltet Ausübung sozialer Macht (siehe Kapitel IV). Wenn ein Berater sein Ziel aufgibt, die dominierende Rolle eines Familienangehörigen in Frage zu stellen, dann paßt er seine Rolle ein Stück weit an das Familiensystem an, erreicht er sein Ziel, hat er umgekehrt das Rollensystem seiner Position angenähert.
Wer systemdivergent arbeitet, hat mit dem Widerstand der Gemeinschaft – mit homöostatischen Reaktionen – zu rechnen. Er wirkt bedrohlich, weil er Machtverhältnisse angreift und Arrangements, die dem gegenseitigen Interessenausgleich dienen, aus dem Gleichgewicht zu bringen sucht. Zusätzlich mutet er den Angehörigen zu, Anschauungen und Werte, die ihrem Leben Richtung gaben, zu verändern, etwa die Familienrealität der Eltern „wir verstehen uns als Paar ganz ausgezeichnet, nur dieses depressive Kind wirft einen Schatten auf unsere Beziehung" und die dazugehörige Selbstdefinition des identifizierten Patienten, „ich bin depressiv, weil ich anfälliger, aber auch empfindsamer und intelligenter als meine Geschwister bin".

Ressourcenbedarf der Arbeitsform

Als Ressourcen werden alle Gegebenheiten bezeichnet, die zur Erreichung eines Ziels beitragen können. Für jede Arbeitsform wird ein typischer Mindestbestand an Ressourcen gefordert, sofern sie mit einiger Aussicht auf Erfolg eingesetzt werden soll. Anhand des Systemschemas können wir den Ressourcenbedarf der verschiedenen Konzepte sozialer Familienarbeit überprüfen. Den Familienberater beziehen wir als Teil des Familiensystems ein.

Im Hinblick auf die personale Systemebene ist zu fragen, ob die Familienangehörigen und der Familienberater persönlich in der Lage sind, die Rolle, die im Arbeitskonzept vorgesehen ist, auszufüllen. Arbeitsformen, die auf eine tiefgreifende Veränderung familiärer Beziehungen hinauslaufen, setzen beim Familienberater wie bei den Angehörigen gefühlsmäßige Belastbarkeit und geistige Flexibilität voraus. Zusätzlich muß der Familienberater qualifiziert ausgebildet sein.

Verschiedene Arbeitsformen erfordern ein unterschiedliches Maß an Kooperationsbereitschaft im sozio-emotionalen und rational-organisatorischen Bereich. Beispielsweise können persönliche Konflikte in einer Familie nur dann aufgearbeitet werden, wenn ein Beratungs-Setting zustandekommt, das heißt, wenn sich alle Angehörigen an regelmäßigen Gesprächen beteiligen und wenn sie Interventionen des Beraters, welche die sozio-emotionalen Prozesse intensivieren, nicht auf Dauer blockieren.

Der Ressourcenbedarf auf der gesellschaftlichen Regelungsstufe bezieht sich vor allem auf die finanziellen Voraussetzungen und auf die rechtlichen Grundlagen, die für ein bestimmtes Arbeitskonzept vorhanden sein müssen. Wer bezahlt den Familientherapeuten, wer die sozialpädagogische Familienhilfe, wenn die Familie selbst nicht für das Honorar aufkommen kann? Sind die leiblichen Eltern bereit, ein offenes Gespräch mit den Pflegeeltern zu führen, oder ziehen sie sich auf ihre rechtliche Machtposition als Sorgeberechtigte zurück?

Die Frage nach der Mindestausstattung des Ortes, an dem die Familienarbeit geleistet werden soll (öko-systemische Regelungsstufe) muß gestellt werden.

Wenn wir den Ressourcenbedarf einer Methode ermitteln, beziehen wir auf Seiten des Anbieters nicht nur den Berater, sondern auch die soziale Einrichtung, der er angehört, ein. Bestimmte Arbeitsformen können für ein Feld sozialer Arbeit noch so geeignet und in Ausbildungen noch so verbreitet sein, sie nützen wenig, wenn im sekundären System sozialer Hilfe die personellen und materiellen Ressourcen fehlen und die Organisationsstruktur der Arbeitsweise des methodischen Konzeptes entgegenläuft.

Mit den sozialen Einrichtungen sind die Ressourcen im sozialen Lebensraum einer Gemeinschaft angesprochen. Der Ressourcenbedarf einer Methode wird nicht nur in Bezug auf die Bedingungen innerhalb eines Systems ermittelt, sondern auch im Hinblick darauf, wie die primären und die sekundären Beziehungsnetze im Lebensfeld der Gemeinschaft beschaffen sein sollten.

Teil 2: Methodische Formen sozialer Familienhilfe

Wer im Feld sozialer Arbeit die Bezeichnungen von Arbeitsformen als Orientierungsmarken benutzt, wird sich bald verirren. Prägnante Benennungen wie „Familientherapie", „Familienberatung" oder „Sozialpädagogische Familienhilfe" signalisieren zunächst klar abgegrenzte methodische Territorien. Bei näherer Erkundung muß er dann erkennen, daß diese Titel mit wechselnden und einander überschneidenden Bedeutungen geführt werden. Die sozialpädagogischen Familienhelfer beanspruchen auch familientherapeutisch zu arbeiten, Funktionen, die für Familienpflege typisch sind, werden auch von sozialpädagogischen Familienhelfern übernommen. Das Bestreben, die Verbindung verschiedener Konzepte ausdrücklich zu benennen, bringt eine kaleidoskopische Mischung von Bezeichnungen hervor: „Familienorientierte Systemtherapie", „familientherapeutisch-orientierte Familienhilfe", „stadtteilorientierte Familienberatung", „familientherapeutisches Seminar". Dies zeigt, daß Praktiker sozialer Familienarbeit ihre Rolle nicht nach einer einzigen Arbeitsform ausrichten. Um den Arbeitsbedingungen und den Problemlagen in ihrem Tätigkeitsfeld gerecht zu werden, übernehmen sie aus verschiedenen Konzepten, was ihnen brauchbar erscheint.

Wie kommt man in diesem dynamischen Feld fließender Übergänge zu einer Unterscheidung der Arbeitsformen? Unter dem Druck der Arbeitsbedingungen, im Wandel der Problemlagen, im Wettbewerb um institutionelle Förderung und im öffentlichen Gespräch der Fachleute setzen sich bestimmte Leitkonzepte sozialer Hilfe durch. Sie prägen – bei aller Individualität der Arbeitsweise – das Selbstverständnis von Beratern, sind Rollenstereotypen sozialer Arbeit. Diese dominanten Konzepte methodischer Arbeit bezeichnen wir als Arbeitsformen.

Wenn wir den Entwicklungslinien sozialer Familienarbeit folgen, stoßen wir auf fünf Leitkonzepte sozialer Hilfen für Familien – wir können auch von fünf Rollenstereotypen des Familienhelfers sprechen: Der/die Familientherapeut/in, Familienberater/in, Familienpfleger/in, der/die im sozialen Netzwerk Tätige.

Familiäre Problemlagen überschreiten oftmals den Wirkungsbereich einer einzigen Methode. Daher werden in Tätigkeitsfeldern sozialer

Arbeit verschiedene Arbeitsformen miteinander kombiniert. Diese umfassenden Konzepte sozialer Hilfen für Familien bezeichnen wir als „familienorientierte Sozialarbeit". Anhand der Prinzipien familienorientierter Sozialarbeit wird erläutert, wie die verschiedenen Arbeitsformen kombiniert werden.

Im folgenden wird für jede Arbeitsform zunächst einmal herausgestellt, wie die typische Helferrolle beschaffen ist. Wir beziehen uns wieder auf die drei Komponenten der Rolle: Wie faßt ein Familienberater die jeweiligen *Problemsituationen* auf, welche *Ziele* verfolgt er, und *wie arbeitet* er typischerweise? (siehe Kapitel V Teil 1) Anschließend werden wir jede Arbeitsform im Hinblick auf die *übergreifenden Merkmale* methodischer Arbeit – Reichweite, Einschlägigkeit, Systemkonkordanz und Ressourcenbedarf einschätzen (siehe Kapitel VII Teil 1).

Auf diese Weise erkennen wir, inwiefern sich die verschiedenen Arbeitsformen voneinander unterscheiden. Außerdem wird deutlich, wie wir anhand der übergreifenden Merkmale methodische Konzepte daraufhin beurteilen und vergleichen können, inwieweit sie für typischen Problemlagen oder Einzelfällen angemessen sind.

I Familientherapie

Familientherapeutische Konzepte wurden zunächst in den Vereinigten Staaten entwickelt. Vorreiter war Nathan Ackermann, der schon 1937 in seiner Arbeit „Die Familie als soziale und emotionale Einheit" darauf aufmerksam machte, daß die ganze Familie und nicht nur das auffällige Kind in die Behandlung einzubeziehen seien (Gerhardt 1981, 277). Die Gründungszeit der Familientherapie fällt in die 50er Jahre (vgl. Weakland/Herr 1984, 57 – 65). Basiskonzepte wurden am Mental Research Institute in Palo Alto entwickelt. An diesem Institut, das von Jackson gegründet wurde, initiierte Gregory Bateson 1952 ein Projekt zur Erforschung der Kommunikation. Dieses Projekt konzentriete sich auf die Interaktion von schizophrenen Patienten mit ihren Familienangehörigen. Der Forschungsgruppe gehörten unter anderen Haley, Weakland und Satir an (Weakland/Herr 1984, 63, Gerhardt 1981, 276). Mit Übersetzungen von Arbeiten aus diesem Institut hält Ende der 60er, Anfang der 70er Jahre Familientherapie im deutschsprachigen Raum Einzug. Wegweisend waren zwei Veröffentlichungen im Jahre 1969: die Arbeiten von Bateson und anderen über Schizophrenie und Familie, sowie das pragmatische Modell zur menschlichen Kommunikation von Watzlawick, Beavin und Jackson (^{3}1972). Den psychoanalytischen Zugang eröffneten H. E. Richter (1969/1970) und Stierlin (1975).

In ihrer heutigen Vielfalt basieren Familientherapien auf drei Ansätzen (vgl. Beck 1985, 73):

– der pychoanalytischen Sicht (Stierlin 1975, Stierlin u. a. 1977, Richter 1970);

– der Kommunikationstheorie mit den systemisch-strategischen Arbeitsformen (Minuchin 1977, Andolfi 1982, Haley 1978) und den wachstumsorientierten Familientherapien (Satir 1972, 1973);

– der Verhaltenstherapie (A. und K. H. Mandel 1971, Lederer und Jackson 1972), welche die klassischen Methoden der Verhaltensanalyse und des Trainings neuer Verhaltensweisen auf Familienprobleme anwendet.

Bei allen Divergenzen, die zwischen diesen Grundrichtungen bestehen, gibt es in der *Auffassung der familiären Problemsituationen* doch eine gemeinsame Sichtweise. Die Familie wird als das ökologische System angesehen, das den bedeutendsten Einfluß auf die Entwicklung des Individuums ausübt. Persönliche Probleme und Verhaltensauffälligkeiten eines oder mehrerer Mitglieder werden im Zusammenhang familiärer Anpassungsmuster gesehen. „Das einzelne Familienmitglied, das sich ‚auffällig' verhält oder handelt, wird als ‚Symptomträger', ‚identifizierter Patient', ‚Index-Patient', ‚designierter Patient' oder ‚Bezugsklient' beschrieben, dessen Probelemverhalten auf eine vorhandene Familienstörung verweist" (Beck 1985, 36).

Die folgenden Ausschnitte illustrieren, wie die systemische Sichtweise in das Weltbild unterschiedlicher Schulen umgesetzt wird.

Stierlin beschreibt Formen pathologischer Bindungen zwischen Eltern und Kindern (Stierlin 1975). Er unterscheidet pathologische Bindung durch Ausbeutung des Bedürfnisses nach Abhängigkeit, durch Störung kognitiver Vorgänge und Ausnutzen von Loyalitätsbereitschaft. Als Analytiker arbeitet er eindrucksvoll die psychodynamische Seite der Beziehungsmuster heraus (personelle Regelungsstufe).

Zur kognitiven Bindung eines Jugendlichen schreibt er (1975, 60/61): „Diese intellektuellen Fähigkeiten könnten eine starke Kraft zur Befreiung (des Jugendlichen, der Verf.) von seinen Eltern werden; sie könnten ihm dabei helfen, seine eigenen Empfindungen, Motivationen und Ziele mit denen seiner Eltern kritisch zu vergleichen. So wie die Dinge aber liegen, führt jeder derartige Versuch des Jugendlichen, seine Ich-Fähigkeiten zur Bestätigung und Unterscheidung seiner Wahrnehmungen einzusetzen, dazu, daß die Angst seiner Eltern nur zunimmt und sie ihre Anstrengungen verdoppeln, um ihr Kind noch stärker als zuvor an sich zu binden. Ein solcher Jugendlicher, der durch eine gestörte Entwicklung in der Entfaltung seiner Persönlichkeit gehindert wird, im Grunde aber zufrieden ist mit dem Gefühl, gebunden zu sein (und andere kognitiv zu binden), ist meist nicht in der Lage, seine kognitiven Fähigkeiten in den Dienst seines Strebens nach Automie zu stellen. Eher pervertiert er seine Vorstellungen zu Ketten, die ihn noch enger an seine Eltern fesseln.

Genau dies trifft auf Max zu, einen Sechzehnjährigen von hoher Intelligenz. Im Laufe seiner Entwicklung wurde er immer wißbegieriger und fing an, philosophische und psychologische Literatur zu lesen. Seine intellektuelle Neugier machte seine Mutter unsicher. Als er eines Morgens beim Frühstück über C. G. Jung sprach, machte sie Andeutungen über die typischen Bücherwürmer, die später im Leben versagen. Auf diese Weise definierte sie seine intellektuellen und philosophischen Interessen als eskapistische Bedürfnisse von

Schwächlingen. Immer wenn sie ihn beim Lesen dieser „schweren Bücher" erwischte, machte sie ihm dies klar – mehr noch durch ihr besorgtes, mißbilligendes Aussehen als durch Worte. Von Zeit zu Zeit hielt sie Max allerdings auch eine Predigt über die degenerierten Intellektuellen in der Familie seines Vaters, die sich entweder umgebracht hatten oder im Irrenhaus gelandet waren. Sie versicherte ihm, sie könne das nur unter Bedenken erzählen, nur aus Sorge um seine Entwicklung und Gesundheit. Wenn Max sich in der Folgezeit zurückzog, um zu lesen oder nur um nachzudenken, bemerkte er, daß sein Herz heftig schlug und seine Konzentration abnahm. War das nicht Beweis genug dafür, daß Lesen und Nachdenken schädlich waren, daß sie von Schwäche und einem Hang zur Selbstzerstörung zeugten, und daß seine Mutter (sie war wohl etwas reizbar, aber im Grunde liebevoll und besorgt) recht hatte? Als er sich schüchtern in die Welt gleichaltriger Jugendlicher wagte, wurden seine Befürchtungen bestätigt. Da er überempfindlich war vor Angst, als Bücherwurm, als tapsig und lebensuntüchig angesehen zu werden, benahm er sich genauso und bekam auf diese Weise seine Befürchtungen bestätigt. Schließlich mied er Bücher ebenso wie Gleichaltrige in zunehmendem Maße, verbrachte immer mehr Zeit allein in seinem Zimmer, wo er gleichzeitig den Fernsehapparat laufen ließ und sich mit Rockmusik betäubte. Sein Zimmer war direkt neben dem seiner Mutter, die sich aber über den Lärm nicht beklagte."

In der wachstumsorientierten Sichtweise stehen Blockierungen und Behinderungen der Persönlichkeitsentwicklung im Vordergrund. Beziehungsstrukturen werden herausgestellt. Virginia Satir nennt vier Schlüsselfaktoren des Familienlebens ([7]1987, 15/16):

– Den Selbstwert der Familienangehörigen: „Die Gefühle und Vorstellungen, die man über sich selbst hat;"

– Kommunikation: „Die Arten und Weisen, die die Leute ausarbeiten, um einander zu verstehen und Bedeutungen zu finden; . . .

– Die Regeln, die die Leute dafür benutzen, wie sie sich verhalten oder fühlen sollen"

– Verbindungen zur Gesellschaft: „Die Art, wie die Leute zu anderen Menschen und Institutionen außerhalb der Familie in Beziehung treten".

„In all den geplagten Familien entdeckte ich: Der Selbstwert war niedrig, Kommunikation fand indirekt, vage und nicht wirklich ehrlich statt, Regeln waren starr, unmenschlich, durften nicht ausgesprochen werden und galten für ewig, und die Verbindung zur Gesellschaft war voll Furcht, anklagend oder beschwichtigend gestimmt". (a.a.O., 16)

Eine Beschreibung verstrickter Familien, in denen psychosomatische Krankheiten auftreten, verdeutlicht die strukturelle Sicht (Minuchin u. a. 1981, 43/44). Sie bezieht sich auf das elterliche Subsystem, das Subsystem „Kinder" und auf den Einzelnen als Subsystem der Familie. Die Grenzen der Subsysteme sind in der verstrickten Familie sehr unklar ausgebildet, schwach und leicht überschreitbar. Das hat zur Folge, daß die Subsysteme ihre Funktionen nicht angemessen ausüben können. Zum Beispiel kommt die Beziehung zwischen den Ehepartnern zu kurz, weil sie diese immer den elterlichen Funtionen unterordnen oder die Eltern haben keine ausreichende Kontrolle über die Kinder. Wenn die Grenzen überschritten werden, kommt es vor, „daß ein Kind sich in unangemessener Weise ‚elterlich' gegenüber seinen Eltern oder Geschwistern verhält oder sich – von sich aus oder auf die entsprechende Aufforderung hin – einem Elternteil gegen den anderen anschließt und dessen Entscheidungen mitträgt.

Was schließlich das Individuum angeht, so ist die interpersonale Differenzierung in der verstrickten Familie sehr dürftig. In allen Familien unterstehen die einzelnen Mitglieder selbstverständilich der Lenkung und Regulierung durch das Familiensystem. Aber in der verstrickten Familie geht das Individuum gewissermaßen im System verloren. Seine individuelle Autonomie ist so schwach definiert, daß ihm ein Funtionieren auf individuelle und eigene Weise so gut wie unmöglich gemacht ist. Die übermäßige Betonung, die auf dem Zusammenhalt und den Gemeinsamkeiten liegt, sorgt dafür, daß es so gut wie keinen privaten Raum für den Einzelnen mehr gibt. Jeder mischt sich in die Gedanken und Gefühle aller anderen ein. Diese Verstrickungen aller mit allen ist auch der Grund für die mangelnde Differenzierung untereinander und sogar gegenüber der eigenen Person."

Diese Beispiele illustrieren die *Problemauffassung* von Familientherapeuten. Sie konzentrieren sich auf familiäre Schwierigkeiten, die durch Fehlregulationen auf der psychosomatischen und sozio-emotionalen Regelungsstufe entstehen. Auch wenn Familientherapeuten wie z. B. Haley (1981) oder in unserem Beispiel Satir, die gesellschaftliche und ökosystemische Regelungsstufe einbeziehen, operieren sie doch vor allem im sozio-emotionalen Beziehungsfeld der Familie.

Leitziel der Familientherapie ist es, die Beziehungen in einer Familie so zu verändern, daß problemerzeugende und -erhaltende – dysfunktionale – Sinngebungen und Verhaltensmuster beseitigt und durch funktionale ersetzt werden. Auch in der Familientherapie treffen wir alte Bekannte. Leitsätze, die uns schon aus der Psychotherapie vertraut sind, übersetzt auf den Patienten „Familie". Der Psychoanalytiker setzt auch in der Familie auf Heilung durch Bewußtmachung – das „wo-Es-war-soll-Ich-werden" Freuds. Im humanistischen (wachstumsbezogenen) Konzept wird die Befreiung individueller Wachstumskräfte erstrebt, der verhaltenstherapeutisch Orientierte setzt auf Einübung neuen Verhaltens. Einzig die Systemstrategen verlegen das Ziel konsequent in die zwischenmenschliche Sphäre, sie sprechen von einer „Neustrukturierung" des Systems. Lassen wir Autoren selbst zu Wort kommen.

Der Psychoanalytiker (Stierlin u. a. 1977. 10): „Sie (die Familientherapie, der Verf.) verlangt Bereitschaft zur intrafamiliären Konfrontation – und, wenn irgend möglich, zur schließlichen intrafamiliären Versöhnung. Wir möchten deshalb der bekannten psychoanalytischen Grundregel: ‚Sagen Sie alles, auch das Unangenehme und anscheinend Unwichtige, das Ihnen ins Bewußtsein kommt' eine zuerst von Iwan Boszormeny-Nagy formulierte familientherapeutische Grundregel gegenüberstellen: ‚Versuchen Sie, soweit es ihnen möglich ist, miteinander über die Dinge zu sprechen, über die Sie bisher nicht sprechen konnten'. Damit meinen wir zum Beispiel Familiengeheimnisse, enttäuschte Erwartungen, vorenthaltene Gerechtigkeit." Die psychoanalytische Grundregel fördert Kommunikation innerhalb des Systems „Individuum", die familientherapeutische übersetzt diese Grundregeln auf das System Familie.

Die wachstumsorientierte Familientherapeutin (Satir 1973, 110/111): „Das wichtigste Konzept in der Therapie ist das der Reifung, da es ein Prüfstein aller übrigen Begriffe ist ... Die Verhaltensweisen, die eine reife Person charakterisieren, nennen wir funktional, weil sie die Person befähigen, in verhältnismäßig sachverständiger und klarer Weise mit der Welt umzugehen, in der sie lebt. So ein Mensch wird:

„– Sich selbst anderen gegenüber deutlich zeigen,

– in Kontakt stehen (in Berührung sein) mit Signalen seines inneren Selbst und so sich selbst Gedanken und Gefühle offen wissen lassen,

– fähig sein zu sehen und zu hören, was es außerhalb von ihm gibt – unterschiedlich von ihm selbst und unterschiedlich von allem anderen –, ...

– die Anwesenheit von Verschiedenheit als Gelegenheit zum Lernen

und Erforschen behandeln, nicht als Drohung oder Zeichen für Konflikt,
– mit Personen und Situationen in ihrem Sachzusammenhang umgehen, d.h. „so-wie-sie-sind" (in ihrem So-Sein) und nicht wie er sich wünscht oder erwartet, daß sie wären oder sein sollten,
– Verantwortung für seine Gefühle, Gedanken übernehmen, für das, was er hört und sieht – nicht aber es verleugnen oder anderen zuschreiben, . . .
– Dysfunktional nennen wir jemanden, der nicht gelernt hat, sich genau zu verständigen. Da er nicht einmal sich selbst genau wahrnimmt und interpretiert, noch Botschaften von außerhalb genau deutet, werden die Annahmen, auf denen seine Handlungen beruhen, fehlerhaft und seine Bemühungen, sich der Realität anzupassen, werden verwirrt und unangemessen sein."

Der Verhaltenstherapeut (A. und K. Mandel 1971, 124): „Gelernt werden soll vor allem, so miteinander zu sprechen, daß eine optimale gegenseitige Bedürfnisbefriedigung möglich wird . . . man kann den anderen so ansprechen, daß seine soziale Lernfähigkeit, seine Möglichkeit auf einen einzugehen, durch Angst und/oder Ärger völlig blockiert werden. Der Beziehungsaspekt von Aussagen . . . muß deshalb in sehr vielen gestörten Ehen durch systematisches Lernen verbessert werden."

Strukturell-strategisch orientierte Familientherapeuten (Andolfi 1982, 163, 174): „Neustrukturierung geschieht in einem Prozeß, durch den die gewohnten Interaktionsmuster der Familie modifiziert werden, wobei Elemente und Kräfte zum Einsatz kommen, die im jeweiligen System (zumindest potentiell) vorhanden sind." Es werden „neue und zweckdienliche Muster" eingeführt.

Minuchin und Fishman heben die Wechselbeziehung zwischen Sinngebung und Verhaltensstrukturen hervor (1983, 267): „Eine Familie hat nicht nur eine bestimmte Struktur, sondern auch kognitive Schemata, die ihre Organisation rechtfertigen und bestätigen. Die Struktur ihrer Beziehungen und diejenigen ihrer Sicht der Dinge stützen und rechtfertigen sich gegenseitig, und beide können als Ansatzpunkt für therapeutische Bemühungen dienen. . . . Jede Veränderung in der Familienstruktur verändert das Weltbild der Familie und jeder Wandel in ihrem Weltbild zieht einen Wandel in der Familienstruktur . . . nach sich". Und zur Neustrukturierung: „Sie (die Familie, der Verf.) möchte, daß der Therapeut ihre eingefahrene Funktionsweise wieder herstellt, verbessert und im wesentlichen unverändert läßt. Stattdessen bietet der Therapeut, ein Schöpfer neuer Welten, der Familie eine andere Realität (Sinngebung, der Verf.) an. Er verwendet dabei nur solche Sachverhalte, die die Familie als richtig anerkennt, aber er gestaltet sie zu einer neuen Ordnung."

Die Familientherapeuten haben eine Vielzahl von *Arbeitsweisen* entwickelt, um das Ziel der Neustrukturierung zu erreichen. Minuchin und Fishman (1981, 590) charakterisieren den entscheidenden Zug, der die Rolle des Familientherapeuten von der anderer Helfer in der sozialen Familienarbeit unterscheidet: „Alle Familientherapeuten sind sich darüber einig, daß man die dysfunktionalen Aspekte der Familienhomöostase herausfordern muß." Der Herausforderer möchte eine Änderung zweiter Ordnung erreichen (siehe Kapitel IV Teil 1). Er kann dabei direkt oder indirekt, provokativ und kämpferisch oder sanft arbeiten.

Nach psychoanalytischen Konzepten übernimmt der Familientherapeut die Rolle des hochsensiblen Regisseurs eines Familiendramas (Stierlin u. a. 1977, 39):

„Jedes, (insbesondere aber das erste) Familiengespräch ist ein dynamischer Prozeß, der alle Beteiligten, auch den Therapeuten, ergreift. Dieser hat im Familiendrama verschiedene Rollen zu spielen: Er ist zugleich aktiver Teilnehmer, führt Regie und begleitet den Prozeß als teilnehmender Beobachter. Als aktiver Teilnehmer kann er sich ins Familiengeschehen einschwingen, engagiert zuhören und die oft widersprüchlichen Tendenzen, Kräfte und Gefühle der Familie sich entfalten lassen. Als Regisseur steuert er die Entfaltung des dynamischen Prozesses und schafft eine Atmosphäre, in der die Familie an ihren Problemen arbeiten kann. Er greift die Tiefendimension des Gesagten auf und schützt die Teilnehmer zugleich vor dem destruktiven Potential der geäußerten Gefühle. Er fördert die Äußerung der Gedanken und Gefühle, die bisher tabu waren, und bewahrt die Familie zugleich davor, in ihren aggressiven Ausbrüchen lediglich lang eingeschliffene Beziehungsmuster zu wiederholen. Als Beobachter des Dramas muß er fähig sein, sich zurückzunehmen, Abstand zu gewinnen und sich nicht in das emotionale System der Familie hineinsaugen zu lassen. Er wird versuchen, die affektive Bedeutung und die Beziehungsqualität des Gesagten einzuschätzen, die gebotenen Daten rasch zu verarbeiten und wieder in den Prozeß einzubringen."

In der wachstumsorientierten Arbeitsweise wird die Herausforderung als eine Form erzieherischen Wirkens beschrieben.

„Der Therapeut zeigt dem Klienten wie andere ihn sehen" (Virginia Satir 1973, 183) . . . „Wenn der Therapeut Fragen stellt oder beantwortet, so tut er dies in einer sachlichen, nicht verurteilenden, einfa-

chen und kongruenten Art und Weise". (a. a. O., 184) „Der Therapeut baut Selbstachtung auf. Der Therapeut vermindert die Bedrohlichkeit der Situation z. B., indem er mit Vorsicht behandelt. Er erzieht den Patienten zum erwachsenen Menschen um, der für sein Handeln einsteht". (a. a. O., 193) Er „hilft dem Patienten dabei, einzusehen, wie sehr frühere Modelle seine Erwartungen und sein Benehmen beeinflussen". (a. a. O., 195) „Er füllt Kommunikationslükken und interpretiert Botschaften". (a. a. O., 196)
Der folgende Auszug aus dem Protokoll einer Behandlung illustriert eine kämpferische Herausforderung des Familiensystems (Minuchin u. a. 1981, 265-269). Symptomträger ist die dreizehnjährige Judy. Sie ist magersüchtig. Die familientherapeutischen Sitzungen werden mit einem kleinen Imbiß verbunden, Gelegenheit, die familiären Interaktionsmuster im Zusammenhang mit dem Symptom aus unmittelbarer Erfahrung kennenzulernen und „in flagranti" einzugreifen.

Judy: Ich will die Milch nicht (sie fängt an, das Essen auf ihrem Teller herumzuschieben).
Mutter: Ich weiß, das hast du mir schon gesagt.
Judy: Ich trinke sie nicht. Du brauchst nicht immer wieder davon anzufangen.
Mutter: Stört es dich denn, wenn ich davon rede?
Judy: Ja. Du kommst halt immer und immer wieder damit. Das kenne ich schon: „Trinke deine Milch, Judy. Trink deine Milch."
Mutter: Und das stört dich, daß ich das sage?
Judy: Du kannst es meinetwegen sagen. Mir ist es egal. Ich trinke sie sowieso nicht . . .

Vater: Judy, ich mag es nicht, wenn du so mit dem Essen spielst. Du weißt, das stört mich. Ißt du diese Kirsche noch auf?
Judy: Nein.

Die hartnäckige Weigerung der Tochter schafft eine so hohe Belastung, daß die Vater/Tochter-Dyade aktiviert wird. Der Vater weist auf seine Empfindungen hin, wodurch der Konflikt umgangen wird, und bittet um Zusammenarbeit: „Wenn du willst, daß ich glücklich und zufrieden bin, dann ändere dich."

Vater: Du magst ja Kirschen nicht, wenn ich mich recht erinnere.
Judy: Ich mag keine Kirschen.

Mutter: Aber Apfelmus magst du.
...
Vater: Und dieses hier sieht sehr gut aus, Judy.
Judy: Ich will es nicht
...
Minuchin: Ich möchte doch wissen, wie unverschämt dieses kleine Mädchen Ihnen gegenüber wirklich ist.

Dazu kommentiert Minuchin: *„Das Ziel besteht darin, die Eltern zur Zusammenarbeit gegen ihre Tochter zu veranlassen. Dieser Schritt ist wegen der äußerst feinen Mechanismen der Konfliktvermeidung, die von beiden Eltern angewandt werden, besonders schwierig zu vollziehen. Der Therapeut muß daher in seinem Angriff auf die Familienmitglieder so schonungslos und unerbittlich vorgehen, daß das ganze System aus dem Gleichgewicht gerät. In diesem Fall schließt er sich in einer Koalition gegen die Tochter mit dem Vater zusammen ..."*

Vater: O ja, das ist sie. Sie ist wirklich sehr unverschämt.
Minuchin: Sie behandelt Sie, als wären Sie ...
Vater: Ihresgleichen?
Minuchin: O nein. Einem Gleichgestellten gegenüber würde sie es gar nicht wagen, sich in dieser Weise zu verhalten. Vor ihresgleichen hat sie sehr viel mehr Respekt als vor Ihnen. Sie ist ein rücksichtsloses und verwöhntes Balg.
Vater: Und ich weiß nicht, offen gesagt, wie ich mich jetzt ihr gegenüber verhalten soll.
Minuchin: Gegenüber einem rücksichtlosen und verwöhnten Balg?
Vater: Ja. Das weiß ich nicht. Ich bin mir einfach nicht sicher, wie ich reagieren soll, ehrlich gesagt.
Minuchin: Sie sind wahrscheinlich noch selten so gemein behandelt worden.
Vater: Hm
...
Minuchin: Sie greift Sie als Menschen an. Sie attackiert Ihre Person.
Vater: Ja, aber das ist neu, wissen Sie.

Erschreckt durch die Aufforderung, jetzt tätig zu werden, wendet sich der Vater in Gedanken der Vergangenheit zu.

Minuchin: Es spielt keine Rolle, ob es neu ist. Es ist ...
Vater: Und deshalb denke ich, daß ich mich auch dagegen verwahren

kann, aber das will ich gar nicht.(Judy hat inzwischen den Kopf an die Schulter ihrer Mutter gelehnt. Die Mutter streichelt sie.)
Minuchin: Wissen Sie, Frau Gilbert, ich glaube, es ist ein Fehler, daß Sie dieses verzogene kleine Biest so behandeln, als wäre es ein erwachsener Mensch. Sie ermutigen sie sogar da noch, wo ich schon längst sehr böse geworden wäre.

Der Therapeut greift die Mutter an. Da er den Konflikt zur Eskalation bringen möchte, blockiert er jetzt deren fürsorglich-zärtliches Verhalten.

Vater: Hm.
Minuchin: Ich wäre sehr, sehr böse auf jemanden, der so ausgesprochen unverschämt ist. Ich spreche über das, was sie Ihnen als Mensch antut. Über die Art, in der sie Sie behandelt. Würden Sie sich bitte mal hier neben Ihren Mann setzten? Ich frage mich, ob sie glaubt, daß Sie ihr Verhalten billigen. Denn ich weiß nicht, woher sie die Unverschämtheit nimmt, ihn so zu behandeln. (Die Mutter wechselt den Platz und sitzt nun neben ihrem Mann.)
Mutter: Nein, meine Unterstützung hat sie nicht dabei, wenn sie ihn so behandelt. Tatsächlich sträubt sich alles in mir, wenn ich sie so mit ihm reden höre, und dann würde ich ihm am liebsten sagen: „Tu doch nur etwas dagegen." Aber ich kann es ihm nicht abnehmen.
Minuchin: Würden Sie ihr denn gerne mal eine herunterhauen?
Mutter: Oh ja, das würde ich.
Vater: Ich auch
. . .
Minuchin: Aber sie antworten ihr so, als ob sie eine Antwort verdiente. Sie behandeln sie noch immer mit Achtung, während sie doch jede Achtung Ihnen gegenüber vermissen läßt.
Vater: Vielleicht höre ich nicht wirklich auf das, was zu mir gesagt wird. Ich will es wahrscheinlich nicht so genau hören.
Minuchin: Oh, meiner Meinung nach behandelt dieses Mädchen Sie wie ein Fußabtreter.
Vater: Ja, schön. Genau das macht sie.
Minuchin: Nein, nein, nein: Das ist eben nicht schön!
Vater: Nein, nein. Ich meine – natürlich finde ich es auch nicht schön. Aber was soll ich denn machen? Mich vollständig von ihr lossagen?
Minuchin: Das können Sie nicht, sie ist schließlich Ihre Tochter. Aber Sie dürfen ihr Betragen nicht einfach hinnehmen.
Vater: Ich kann es nicht hinnehmen. Das ist wahr.

Minuchin: Aber Sie tun es doch. Das ist doch ein ganz gemeines kleines Mädchen. Ich habe noch selten eine solche Respektlosigkeit erlebt.
Vater: Aber was soll denn dies alles? Wohin treiben wir? Wo stehen wir denn heute? Das ist es, was mir Sorgen macht.
Minuchin: Nein, Sie dürfen sich nicht darüber den Kopf zerbrechen. Sie müssen sich auf die Tatsache einstellen, daß es so und nicht anders ist.
Vater: Ja, aber ich bin sicher, daß ich es dazu habe kommen lassen.
Mutter: Wir beide haben es soweit kommen lassen.
Minuchin: Sie hat schon geradezu lächerliche Macht über Sie beide. Sie beide sprechen immerzu über ein nettes kleines Mädchen, und ich habe inzwischen den Eindruck, daß ich nicht richtig höre. Sie haben ein böses kleines Miststück.
Vater: Ja, das ist sie.
Minuchin: Und wenn Sie sie trotzdem so liebevoll und zärtlich behandeln, dann ist das schon sehr seltsam. Sehr, sehr seltsam.
Vater: Wenn ich so rede, dann meine ich, daß ich sie als Mensch schon mag, nur daß ich ihr Benehmen eben nicht ertragen kann.
Minuchin: Und der wüsteste Angriff, den sie gegen Sie führt, ist, daß sie sterben will. Sie nagt an ihrem Essen herum und spuckt es wieder aus, und Sie nehmen das so auf, als ob sie tatsächlich essen würde. Sie hat jetzt ungefähr vierzig Kalorien zu sich genommen, und sie braucht viertausend! Und wenn sie diesen Kampf mit Ihnen gewinnt, dann stirbt sie.
Mutter: Ja? Das wissen wir. Wir wissen es.
Minuchin: Und deshalb behandele ich sie nicht als Erwachsene, denn das ist sie nicht. Sie muß essen, und sie muß Ihnen Achtung entgegenbringen."

Minuchin kommentiert. *„Diese Intervention des Therapeuten wirkt vielleicht befremdlich auf den einen oder anderen Leser, aber sie dient dem Zweck, die Tochter noch im Laufe dieser Sitzung zum Essen zu bewegen. Der Therapeut kümmert sich absichtlich nicht mehr um das komplexe Gefüge der Transaktionen dieser Familie insgesamt, sondern konzentriert sich ausschließlich darauf, die Eltern soweit zu bringen, daß sie die identifizierte Patientin als Sündenbock erkennen. Dieses Manöver ist ihm im Grunde selbst zuwider; als Therapeut möchte er Kindern viel lieber helfen, zu Kompetenz und Selbstachtung zu gelangen, statt sie anzugreifen, aber die Starrheit dieser Familie verlangt nach außergewöhnlichen Mitteln. Obwohl Eltern und Kind wissen,* *daß die anhaltende Nahrungsverweigerung der Tochter den Tod bringen kann, halten sie immer noch an den alten und dysfunktionalen Transaktionsmustern fest. Es muß unbedingt eine Krise herbeigeführt werden, die Veränderungen möglich macht."*

Blenden wir uns an dieser Stelle aus der Behandlung aus. Es gelingt Minuchin, die Krise herbeizuführen. Die Eltern zwingen gemeinsam ihre Tochter zum Essen.
Wer eine soche Herausforderung des Familiensystems wagt, muß seine Machtposition auf allen Regelungsstufen gesichert haben: auf der personalen Ebene durch persönliche Reife und Fachkompetenz, auf der sozio-emotionalen, indem er von den Familienangehörigen anerkannt und akzeptiert ist und mit Kollegen im Team arbeitet, mit denen er sich gut versteht, auf der rational-organisatorischen Stufe ist wiederum die Teamarbeit zu nennen, weiterhin ein klarer Arbeitskontrakt mit der Familie sowie Einsatz spezieller Behandlungstechniken; auf der gesellschaftlichen Regelungsstufe muß die Macht des Therapeuten durch das Ansehen der Institution, in der er arbeitet, und seine berufliche Position gesichert sein, ökosystemisch dadurch, daß die Behandlung in der Stelle und nicht bei der Familie zuhause stattfindet. Auch die sanften Herausforderer unter den Familientherapeuten wirken aus einer Position der Stärke, die im Setting liegt.
Wenn wir die Auffassung familiärer Problemsituationen, die Ziele und Arbeitsweisen unter dem Aspekt der *übergreifenden Merkmale* betrachten, stoßen wir auf typische Eigenschaften familientherapeutischer Arbeit.
Der Familientherapeut will vor allem die personalen und sozio-emotionalen Prozesse beeinflussen. In diesen erfaßt er familiäre Problemlagen außerordentlich differenziert und präzise. Sofern er rational-organisatorische, gesellschaftliche und ökosystemische Bedingungen des Familienlebens einbezieht, akzentuiert er sie unter dem Blickwinkel personaler und sozio-emotionaler Wechselbeziehungen. Diese Spezialisierung zeigt sich auch in den Zielsetzungen, an denen der Erfolg eines Familientherapeuten gemessen wird. In der *Reichweite* ist Familientherapie also beim Pol „spezialisiert auf bestimmte Systembereiche" anzusiedeln.
Wenn man sich die diagnostischen Konzepte der Familientherapeuten vor Augen führt und die therapeutischen Handlungskonzepte überblickt, kann man nicht bezweifeln, daß Familientherapie nur von Experten zu praktizieren ist. Die Alltagskompetenz eines sensiblen und sozial geübten Menschen, eines im Sinne von Satir reifen

Menschen, reicht nicht hin, um den verdeckten und offenen Gegenstrategien einer Familie, deren hömöostatische Reaktionen man herausfordert, gewachsen zu sein. Im Merkmal der *Einschlägigkeit* ist die familientherapeutische Rolle eine *Expertenrolle*.
Der Familientherapeut wird in die Familie eingelassen, weil die Angehörigen hoffen, daß er persönliches Leiden heilt. Die Angehörigen realisieren kaum, daß sie einen Herausforderer geholt haben. Sie stellen sich systemkonkordante Lösungen ihrer Problemsituation vor. Der Therapeut aber muß *systemdivergent* handeln, wenn er sein Ziel erreichen will. Er arbeitet auf Konfliktlösungen zweiter Ordnung hin (Neustrukturierung), veranlaßt die Angehörigen zu ungewohnten Verhaltensweisen, die die herrschende Ordnung aus dem Gleichgewicht bringen. Ob der Therapeut eine sanfte Strategie wählt oder konfrontiert, die Interpretationsmuster und Regeln, die er anbietet, stehen im Spannungsverhältnis zum vorhandenen Familiensystem. Erfolgreiche Familientherapie ist nur über eine systemdivergente Rolle zu erreichen. Am Ende wird die Divergenz dadurch aufgehoben, daß die Familie die Rollenmuster übernimmt, die im Sinne des Familientherapeuten funktional sind.
Systemdivergente Verhaltensweisen und Interpretationsmuster lösen den Widerstand des Familiensystems aus. Der Familientherapeut wird unweigerlich in Machtkämpfe verstrickt. Aber auch die Familie gerät unter Druck, wenn gewohnte Interpretationen und Verhaltensweisen nicht mehr greifen und Sicherheit in neuen Rollen noch nicht entwickelt ist. Aus diesen Gründen ist der *Ressourcenbedarf* familientherapeutischer Konzepte hoch. Das gilt für beide Partner, den Familientherapeuten und den Patienten Familie. Auf der Anbieterseite werden nicht nur die besonderen Leistungen eines Familientherapeuten erwartet, es ist auch eine entsprechende finanzielle Ausstattung der Stelle, die Familientherapie anbietet, notwendig. Es sollte genügend qualifiziertes Personal vorhanden sein, um Teamarbeit zu ermöglichen. Die Fallzahlen müssen so niedrig sein, daß genügend Zeit für die Arbeit in einer Familie bleibt. Räume, die ungestörte Familiengespräche ermöglichen, müssen eingerichtet werden (ökosystemische Ressourcen).
Auch die Familie, speziell die Eltern, müssen über ein beträchtliches Maß an Ressourcen verfügen. Auf der personalen und sozio-emotionalen Ebene müssen sie bereit und in der Lage sein, neue Sichtweisen ihrer Person und ihrer Angehörigen aufzunehmen und umzusetzen. Auf der sozio-emotionalen Stufe müssen sie zulassen und aushalten, daß persönliche Machtverhältnisse zunächst einmal zu ihren

ungunsten verschoben werden und der Gewinn aus diesem Opfer nicht unmittelbar zu ernten ist. Rational-organisatorisch müssen sie in der Lage sein, Absprachen über die Zusammmenarbeit einzuhalten und therapeutische Anweisungen umzusetzen. Sofern Familientherapie nicht von Kranken- oder Rentenversicherung getragen wird, z. B. im Zusammenhang mit der Behandlung eines abhängigen oder psychisch kranken Angehörigen, sind auch finanzielle Ressourcen erforderlich (gesellschaftliche Regelungsstufe).
Die verschiedenen Formen der Familientherapie variieren diese Grundzüge der Therapeutenrolle. Dies wollen wir aber nicht weiterverfolgen. Uns interessiert, wie die Helferrollen in anderen Formen sozialer Familienarbeit gestaltet werden, und inwieweit sie sich vom Typus des Familientherapeuten abheben.

II Psycho-soziale Familienberatung

Methode und Abgrenzung zur Familientherapie

Von der Familienberatung wird in zwei Zusammenhängen gesprochen. Zum einen, um den Auftrag sozialer Einrichtungen im Lebensfeld der Familie zu kennzeichnen. „Familienberatung", „Erziehungsberatung", „Eheberatung", „Schwangerschaftskonfliktberatung", „Bildungsberatung" bezeichnen Anlaufstellen für Menschen in den entsprechenden Problemsituationen. Zum zweiten bezeichnet Beratung eine bestimmte Rolle in der beruflichen Tätigkeit, etwa juristischer Berater. Organisationsberater. In dieser Bedeutung bezeichnet Beratung eine Arbeitsform. Als Arbeitsform in der sozialen Arbeit wird Beratung „als möglichst umfassender, die Existenz ganzheitlich betreffender Akt oder Prozeß verstanden . . ., durch welchen der Ratsuchende Hilfe in der Problemerkennung und -bewältigung erfährt; über den aktuellen Beratungsanlaß hinaus soll Beratung dazu führen, daß der Ratsuchende eine Stärkung für autonomes Handeln erfährt". (Bundesminister für Jugend, Familie und Gesundheit 1975, 118) Der Ratsuchende ist in unserem Falle die Familie und die Stärkung autonomes Handeln bezieht sich auf die Selbsthilfekräfte im Familiensystem.

Die Notwendigkeit, Familien zu beraten, wurde in der methodischen Sozialarbeit von Anfang an erkannt. Salomon schreibt schon 1926 in ihrem Buch zur sozialen Diagnose: „Zum Material der Ermittlung gehören (daher) alle Tatsachen aus dem Leben des Bedürftigen und seiner Familie, die dazu helfen können, die besondere Not oder das soziale Bedürfnis des Betreffenden zu erklären und die Mittel zur Lösung der Schwierigkeit aufzuzeigen" (7). Den Systemansatz vorwegnehmend formuliert sie prägnant: „Es gibt keine isolierten Menschen. Es gibt kein Ich, das nur in Gestalt des Menschen gedacht werden kann. *Das wirkliche Ich ist der Mensch mit dem ganzen Netz seiner Beziehungen* . . . (49, kursiv vom Verf.); und weiter (50): „Es wird immer für ihn (den Sozialarbeiter, der Verf.) notwendig sein, die Beziehungen des Menschen zur Umwelt zu studieren, nicht nur, um den Menschen zu verstehen, sondern auch um Heilmittel für die Schäden und Schwierigkeiten zu finden, die in Zukunft die einzelnen Menschen befallen können". Nach diesem programatischen Auftakt bricht die Entwicklung methodischer Sozialarbeit unter der Diktatur der Nationalsozialisten in Deutschland ab. Sie wird, angeführt

von Psychoanalytikern, die aus Deutschland ausgewandert sind, in den Vereinigten Staaten weiterentwickelt und nach dem Zweiten Weltkrieg in Gestalt der Einzelfallhilfe (Casework) reimportiert. (Wendt 1983) Familienberatung existiert als eine Komponente individueller Einzelhilfe (vgl. Hollis 1971, Kamphuis ^{4}1973), die „kopernikanische Wende" vom Individuum auf die Beziehungen zwischen den Individuen war noch nicht vollzogen. Die Wechselwirkungen zwischen den Menschen werden berücksichtigt, aber an zweite Stelle gesetzt, „Nachdruck einer Beeinflussung wird auf die Wechselwirkung und insbesondere auf den Anteil, den der Einzelne selbst bei dieser wechselseitigen Beeinflussung hat", gelegt (Hollis 1971, 36).
Erst Familientherapie setzt das systemische Denken konsequent um und stellt die Beziehungen in das Zentrum dert Interventionen. Sie gibt das Vorbild für eine eigenständige Form von Familienberatung ab. Nachdem sich Familienberatung im Gefolge der Familientherapie aus der methodischen Einzelfallhilfe verselbständigt hatte, trat sie Anfang der Achtziger Jahre auch aus dem Schatten der Familientherapie. Diese Absatzbewegung begann Mitte der Siebziger Jahre mit der Kritik an der Therapeutisierung und Überprofessionalisierung sozialer Arbeit. Entscheidend war aber, daß sich in der praktischen Sozialarbeit familientherapeutische Konzepte nur als begrenzt einsetzbar erwiesen. Der Ressourcenbedarf ist zu hoch. Konzepte zur Familienberatung wurden vorgelegt, die den in vielen Fällen begrenzten Interventionsmitteln Rechnung trugen. (Oswald/Mühlensiefen 1985, Weakland/Herr 1984)
Im Konzept psycho-sozialer Familienberatung (Oswald/Müllensiefen 1985) sind die Grundzüge der Helferrolle beschrieben, um die es hier geht. Der Einfachheit halber lassen wir diesen Zusatz weg und bleiben im folgenden bei „Familienberatung".
Die meisten Menschen leben als Kinder, Eltern, Großeltern in Familien. Daher betrifft jede Notlage, die einem Menschen zustoßen kann, auch Familien. Familienberatung ist darum nicht nur bei familiären Notlagen im engeren Sinne angezeigt, wir zum Beispiel bei Schwangerschaftskonflikten, Erziehungsschwierigkeiten oder Zerwürfnissen zwischen den Ehepartnern.
In Kapitel VII ist als Beispiel für die Vielschichtigkeit sozialer Systeme die *Auffassung familiärer Problemsituationen* in einem kurzen Überblick dargestellt. Diese Zusammenfassung kann als Diagnoseschema in der Familienberatung benutzt werden. Denn der Familienberater kann sich nicht von vorneherein auf bestimmte Bereiche des Familiensystems festlegen.

Im Einzelfall erarbeitet er ein focussiertes Bild der familiären Problemsituation. Ein umgrenzter Bereich, der Focus, wird möglichst detailliert ausgeleuchtet. Er wird in zwei Stufen ermittelt. Zunächst einmal macht sich der Familienberater anhand der vier Leitfragen zu den familiären Schwierigkeiten ein Gesamtbild der Problemlage:
- Wie zeigen sich die familiären Schwierigkeiten innerhalb und im Beziehungsfeld der Familie?
- Durch welche Prozesse sind sie entstanden und werden sie in der Gegenwart fixiert?
- Welche Stärken innerhalb der Familie und welche Ressourcen außerhalb können zur Verminderung der Schwierigkeiten genutzt beziehungsweise aktiviert werden?
- Über welche Interventionsmöglichkeiten verfüge ich als Berater?

Aufgrund seines Überblicks über die Problemsituation und die Ressourcen einer Familie und seiner eigenen Handlungsmöglichkeiten kann er entscheiden, auf welchen Bereich und welches *Thema* er besondere Mühe verwendet.

Eine Fokussierung ist aus verschiedenen Gründen unumgänglich. Während der Gespräche wird der Familienberater von einer Flut von Informationen und Eindrücken überschwemmt. Er muß Daten nach „wesentlich" und „unwesentlich" sortieren und bestimmte Aspekte familiärer Schwierigkeiten vernachlässigen, wenn er gezielt beraten will. Nicht nur die persönliche Aufnahmekapazität des Beraters setzt Grenzen, sondern auch die Zeit, die er einer Familie widmen kann. Außerdem sind seine Ziele oft auch inhaltlich durch die Institution, in der er tätig ist, vorgegeben. Er braucht sich zwar nicht ausschließlich im Rahmen seines Auftrages etwa eines Erziehungsbeistandes oder Gutachters zu halten, seine Zeit in der Familie wird er aber zwangsläufig zunächst einmal darauf verwenden, seinen Auftrag zu erfüllen.

Im Laufe eines Beratungsprozesses kann der Brennpunkt der Arbeit wechseln, beispielsweise von der Frage einer effektiveren Organisation des familiären Zusammenlebens (rational-organisatorische Regelungsstufe) zu Problemen in den Außenkontakten (interaktioneller Lebensraum der Familie).

Da der Familienberater nach dem Prinzip der Fokussierung arbeitet, ist er in den *Leitzielen* variabel. Jedes der vier inhaltlichen Ziele sozialer Familienarbeit (siehe Kapitel V) kann in den Rang eines Leitzieles erhoben werden. Es kann sein, daß die Familienberatung hauptsächlich daraufhin angelegt ist, Familienmitglieder zu informieren, z. B. sie darüber aufzuklären, wie sie mit psychisch oder körperlich erkrankten Angehörigen umgehen sollten oder ihnen klar zu machen, was ein Kind in einem bestimmten Alter leisten kann und was nicht. Es kann auch sein, daß der Berater eine elterliche Rolle übernimmt, mit ihnen zusammen plant und sie ermutigt (Substitution von Defiziten).

Ausgehend von einer Gesamtsicht der familiären Lebenslage sucht sich der Berater jene Helferrolle in einer Familie aus, die ihm unter den gegebenen Arbeitsbedingungen am sinnvollsten erscheint.

Er gestaltet seine Rolle so, daß er von den Familienangehörigen akzeptiert wird und seine Mittel möglichst effektiv einsetzen kann. Die Rollen, die er übernimmt, können wir drei Arbeitsweisen zuordnen:

- problemzentrierte Familienberatung
- krisenzentrierte Familienberatung
- stützender Langzeitkontakt. (Oswald/Müllensiefen ²1986, 124 ff)

Die problemzentrierte Familienberatung folgt dem klassischen Muster psychosozialer Beratung. In einer *Orientierungsphase* nimmt der Berater erste Kontakte mit der Familie auf, bemüht sich, eine positive Beziehung zu allen Angehörigen herzustellen, ihre Sichtweise der Problemsituation und ihre Ziele kennenzulernen. Dann folgt eine *strukturierende Phase*, in der er sich mit den Angehörigen über eine Auffassung der Problemsituation einigt und die Ziele der Zusammenarbeit festlegt. Der Arbeitskontakt präzisiert in dieser Phase seine Rolle in der Familie. In einer dritten Phase, der *Modifikationsphase*, geht es darum, die Ziele zu verwirklichen und in der *Ablösungsphase* das Erreichte zu stabilisieren und mit den Familienangehörigen die Trennung zu bearbeiten. Jede dieser vier Phasen kann sich über mehrere Gespräche erstrecken.

Krisenzentrierte Familienberatung und stützender Langzeitkontakt lassen sich als Varianten im Phasenmodell der problemzentrierten Beratung verstehen. (Oswald/Müllensiefen ²1986, 124/125)

In der *krisenzentrierten Beratung* reagiert der Familienberater auf die akute Problemsituation von Familien. Er wird schon im Erstgespräch konkrete Vorschläge, wie die Familie entlastet werden kann, erarbeiten. Die akute Gefährdung läßt nicht die Zeit, Orientierung, Strukturierung und Modifikation in mehreren Gesprächen zu entfalten. Unter dem Druck der Notlage durchläuft das Beratungsgespräch diese drei Phasen schon im Erstkontakt.

Auch in dramatischen Situationen sollte der Berater noch einen Gedanken für seine Rolle übrig haben, die er gerade in der Familie spielt. Ansonsten überläßt er die Definitionsmacht dem Familiensystem und muß, wenn der Handlungsdruck vorüber ist, vielleicht fest-

stellen, daß er sich zum Nachteil aller als Verbündeter der Familie gegen eine Einrichtung oder gegen eine Partei in der Familie einspannen ließ.
Die Arbeitsweise des stützenden Langzeitkontaktes wird im allgemeinen sozialen Dienst der Behörden unter dem Begriff „formlose Betreuung" geführt. Diese Bezeichnung trifft auf der gesellschaftlichen Regelungsstufe, d.h. im Hinblick auf die rechtliche Verankerung, zu. Rational-organisatorisch und sozio-emotional ist diese Betreuung keineswegs formlos, also ohne bestimmte Ziele und Beziehungsregeln. Der Familienberater bietet stützenden Langzeitkontakt den Familien an, die sich, um mit H. und K. Nielsen und W. Müller (1986, 102) zu sprechen, in chronischen Strukturkrisen befinden: Es sind Familien, „in denen die Eltern gravierende Defizite in ihrer Sozialisation und Bildungserfahrung aufweisen. In diesen Familien bestehen existentielle Probleme in allen Lebensbereichen. Dauerkrisen gehören hier zur Lebensform", In solchen Familien bestehen „oft seit Jahren Partnerprobleme, Suchtprobleme, Erziehungsprobleme, Gewalt, unregelmäßige Grundbedürfnisbefriedigung, schlechte Wohnverhältnisse und chronische wirtschaftliche Schwierigkeiten." (a.a.O., 101) Durch stützenden Langzeitkontakt bleibt der Familienberater über Familienangehörige, oft ist es die Mutter, in Kontakt mit solchen Problemfamilien. „Er verweilt sozusagen in der Orientierungsphase des Beratungsprozesses. Er ist als Bezugsperson für die Familienangehörigen präsent. Sie wissen, daß jemand ‚da ist', an den sie sich im Notfall wenden können. Zugleich hält er das Terrain für die beiden anderen Interventionsformen, falls sich die Konflikte zuspitzen, ist er informiert und kann ohne zeitraubende Bestandsaufnahme problemzentrierte oder krisenorientierte Hilfe geben. (vgl. Oswald/Müllensiefen 1985, 177)
Unser Beispiel zur psycho-sozialen Familienberatung nimmt einen Bericht von R. Richter und H. Röth auf (1986): „Familie Brinkmann ist nicht mehr in der Lage, ihr Leben zu regeln. Seit einigen Monaten ist ihr Selbsthilfepotential erschöpft. Sie wissen nicht mehr ein noch aus. Erst nach einer Zahlungsaufforderung einer Inkassofirma wandte sich Frau B. um Hilfe an die Projektgruppe, die in dem Randgruppengebiet tätig ist". (a.a.O., 34) Die fünfköpfige Familie bewohnt in einem sozialen Brennpunkt eine kleine 3-Zimmerwohnung. Herr B., 36 Jahre alt, arbeitete, bis er arbeitslos wurde, als Fachpacker. „Frau B. ist 28 Jahre alt, sie stammt aus einer traditionellen Randgruppenfamilie. Frau B. hat keinen Beruf erlernt. Sie ist Hausfrau und allein für die Erziehung der drei Kinder verantwort-

lich. Olaf ist mit 11 Jahren der älteste Sohn der Familie. Er besucht unregelmäßig die Hauptschule . . . trotz normaler Intelligenz schlägt die Schule aufgrund des unregelmäßigen Schulbesuchs und der nicht ausreichenden Leistung Olaf für den Besuch der Sonderschule für Lernbehinderte vor. Äußerlich macht Olaf einen vernachlässigten und unsauberen Eindruck. Er ist ein einsames Kind. Oft streunt er schon morgens in der Siedlung herum. Bei seinen Altersgenossen genießt er Ansehen als ausgezeichneter Fußballspieler und geschickter Breakdancer. Christopher ist 4 Jahre alt. Er ist ein Schmuddelkind. Christopher hat einen starken Sehfehler und eine auffallende Hauterkrankung, die nicht heilt. Er spricht in unverständlichen, unzusammenhängenden Sätzen. Im Kindergarten fällt Christopher durch sein aggressives Verhalten auf. Er ist kaum in der Lage, mit anderen Kindern zu spielen.

Anne ist 2,5 Jahre alt. Im Gegensatz zu ihren beiden Brüdern macht sie einen gepflegten Eindruck. Sie gleicht durch ihre mädchenhafte Kleidung, ihre Gestik und Mimik einer Puppe". (a. a. O., 34)

Die nun folgende Schilderung der familiären Beziehungen ist nach dem Systembild der Familie strukturiert.

– Zur ökosystemischen Regelungsstufe im Zusammenhang mit der sozio-emotionalen Qualität der Kontakte: „Der verkommene Zustand der Wohnung, der verdunkelte Zustand der Fenster, die vergilbten Tapeten und der modrige Geruch in der Wohnung, insbesondere das einer Rumpelkammer gleichende Kinderzimmer, wirkt auf uns niederdrückend." (a. a. O., 35)

– Zur sozio-emotionalen Regelungsstufe: „Der Umgangsstil der Familienmitglieder ist kalt, abwertend und feindselig. Die Kommunikation der Ehepartner beschränkt sich auf kaum vermeidbare, laute, mürrische Fragen und Antworten. Frau B. redet ihren Mann nur mit dem Nachnamen an. Beide Partner vermitteln uns, sie wollen miteinander reden, sind aber dazu nicht in der Lage. Die Erziehung der Kinder liegt allein in den Händen von Frau B. Sie ist mit dieser Aufgabe sichtlich überfordert. Die Kinder tun und lassen, was sie wollen. Anweisungen der Mutter, meist lautstark und drohend vorgebracht, werden meist mißachtet und Herr B. hält sich aus dem Erziehungsprozeß heraus, beschwert sich aber über die lärmenden Kinder."(a. a. O., 35)

– Zur Regelung innerfamiliärer Beziehungen im Zusammenhang mit dem interaktionellen Lebensfeld: „Beide Elternteile meiden den Kontakt miteinander. Herr B. pflegt schon frühmorgens zur Bierbude zu gehen und kommt erst spät abends wieder nach Hause. Frau

B. schiebt ihren Sohn Christopher vormittags in den Kindergarten ab. Die kleine Tochter wird wieder ins Bett gesteckt. Der schulpflichtige Olaf muß öfters zu Hause bleiben. Anschließend schläft sie oft bis in die Mittagsstunden." (a. a. O., 35)

– In den finanziellen Problemen wird die gesellschaftliche Regelungsstufe angesprochen. Sie wird erst im Zusammenhang mit unzulänglicher rationaler Organisation geschildert und anschließend im Hinblick auf verdeckte sozio-emotionale Konflikte zwischen den Ehepartnern: „Einige Zeit später steht Herr B. auf und studiert demonstrativ die Stellenangebote in der Tageszeitung. Nach der Lektüre der Stellenangebote öffnet Herr B. umständlich einen Koffer, in dem er alle unangenehmen Schreiben, wie unbezahlte Rechnungen, Mietschulden und Zahlungsaufforderungen aufbewahrt. Er präsentiert uns diverse Mahnbescheide eines Versandhauses und die aktuellen Zahlungsaufforderungen der Inkassofirma. Im Lauf des Gesprächs stellt sich heraus, daß weder er, noch seine Frau wissen, was sie bestellt haben. Frau B. tendiert zu der Annahme, daß ihr versehentlich aufgrund einer Verwechslung des Namens eine falsche Rechnung zugestellt worden sei.

Herr B.'s Bemerkung über diesen Sachverhalt ist zu entnehmen, daß er mit den leichtsinnigen und oft unüberlegten Warenbestellungen seiner Frau nicht einverstanden ist und er äußert dies jedoch nicht direkt und offen, sondern drückt sein Mißfallen über Mimik, Stimme und Tonfall aus." (a. a. O., 34)

Man einigt sich auf das Beratungssetting: „Zu Hause bei Familie B., das bedeutet für eine Beratungssituation Lärm, Unruhe, unangemeldeter Besuch, Kinderversorgung, Essen. Trotzdem gelingt es uns, bei Familie B. innerhalb der ersten drei Sitzungen durch freundliches Beharren einen arbeitsfähigen Rahmen für unsere Familiengespräche durchzusetzen. Der Fernseher bleibt aus, ebenso das Radio, es wird nicht gegessen, kein Essen vorbereitet und kein Alkohol konsumiert. Erlaubt sind lediglich Zigarette und Kaffee. Die Sitzungszeit von 90 Minuten wird plus/minus 10 Minuten eingehalten. Wir dulden nur eine kurze Aufwärmphase. Das Gespräch verliert bald seinen unverbindlichen Charakter, es wird zur Arbeit. Die beiden kleinen Kinder schließen wir aus den Gesprächen aus. Dem Ältesten bieten wir an teilzunehmen, wenn er will oder seinen Eltern sagen möchte, daß er sich ohne unsere Anwesenheit nichts zu sagen getraut. Er kommt unregelmäßig, nutzt aber diese Möglichkeit aus." (a. a. O., 35)

Zunächst einmal stellen die Familienberater ihre Interventionen auf konkrete Hilfe bei der Stellensuche und den finanziellen Problemen ab (gesellschaftliche Regelungsstufe) und auf eine effektivere rationale Organisation: „Bei Herrn B. haben unsere regelmäßigen Besuche bald die aktivierende Wirkung, daß er sich intensiv um eine Anstellung bemüht. Glücklicherweise hat er auch Erfolg damit. Mit der Inkassofirma des Versandhauses kann ein günstiger Vergleich ausgehandelt werden. Durch seine neue Anstellung ist Herr B. in der Lage, den vereinbarten Betrag bar zu bezahlen. Mit der Wohnungsgesellschaft wird vereinbart, daß die Miete wieder regelmäßig bezahlt wird ... Herr und Frau B. sind glücklich über die errungenen Erfolge und froh, bei der Wohnungsgesellschaft wieder als ordentliche Mieter zu gelten. Frau B. kümmert sich nach anfänglicher Unterstützung bald alleine um die Behebung der Augenfehler ihrer zwei Kinder. Die Einweisung des ältesten Sohnes in die Sonderschule kann nicht verhindert werden." (a. a. O., 36)

Im Zusammenhang mit konkreten Schwierigkeiten auf der rational-organisatorischen und gesellschaftlichen Regelungsstufe können auch sozio-emotionale Beziehungsmuster problematisiert werden: „In der Auseinandersetzung mit den belastenden äußeren Bedingungen finden die Partner einen Weg, wieder miteinander ins Gespräch zu kommen. Wir Berater unterstützen diese Tendenzen, ermutigen zum Meinungsaustausch, helfen formulieren, provozieren Auseinandersetzungen, ergreifen dabei wechselnd Partei und schützen, wenn es notwendig erscheint." (a. a. O., 36)

Die Beratung hat Erfolg: „Frau B. ist kaum wiederzuerkennen. Sie hat sich eine jugendliche Frisur zugelegt und zeigt sich modisch gekleidet. Aus der frühzeitig gealtert wirkenden, mürrischen Person ist eine ansehliche Frau geworden. Herr B. hat sich in seiner neuen Fima Ansehen verschafft ... Im Umgang mit den Siedlungsbewohnern wirkt er wieder selbstbewußt. Sein Alkoholkonsum ist auf ein akzeptables Maß zurückgegangen.

Beide Partner gehen wieder gemeinsam zu Festlichkeiten ... beide nehmen sich auch Zeit für eigene Aktivitäten. ... Die Wohnung von Familie B. ist heller geworden, die Wohnzimmermöbel sind neu plaziert, und auch das Kinderzimmer wurde etwas freundlicher eingerichtet ... Nachdem Herr B. seine Selbstzweifel in Erziehungsangelegenheiten eingestand und auch Frau B. zugeben konnte, daß sie einfach nicht wisse, wie sie ihre Kinder hochziehen sollte, konnten die Partner ihre rein defensive Haltung zueinander zugunsten einer verständnisvolleren aufgeben.

Der jüngere Sohn fällt im Kindergarten nicht mehr als Problemkind auf ... Der älteste Sohn besucht jetzt regelmäßig die Schule. Zum ersten Mal in seinem Leben geht er gern dorthin." (a.a.O., 36)

Was brachte den Erfolg in diese Beratung? Die Autoren zählen folgende Punkte auf:

- Erfassung der familiären Problemsituationen in allen Systembereichen: „Wir haben unsere Familie in ihren gesamten psychosozialen Zusammenhänge gesehen (a.a.O., 36) ... Wir haben die Probleme der Kinder im Zusammenhang mit der Gesamtfamilie gesehen." (a.a.O., 37)
- Zur Bestimmung des Beratungsfokus: „Wir haben zusammen mit den Ehepartnern an den belastenden familiären Rahmenbedingungen gearbeitet, dabei wohl auch ganz konkret Hilfestellung geleistet und gleichzeitig innerfamiliäre Konflikte thematisiert ... Das ‚Hier und Jetzt' stand im Vordergrund unserer gemeinsamen Gespräche: Was muß sich jetzt ändern, damit alle Familienmitglieder befriedigender miteinander leben können?" (a.a.O., 37)

Indem die Eltern selbst beobachten, in welchen Situationen sie nicht zurechtkamen, setzten sie nicht nur ihren Verstand ein (Aktivierung von Ressourcen), sondern beteiligten sich auch daran, den Beratungsfokus zu bestimmen. Die Eltern beobachteten, in welchen Situationen sie sich überfordert fühlten, auf diese Weise trugen sie zur Strukturierung der Problemsituationen bei.

- Systemkonkordanz in den Zielen: „Wir haben uns zu einem angemessenen Zeitpunkt zurückgezogen, und die Toleranzgrenze der Familie für Veränderungen nicht überstrapaziert." (a.a.O., 37)
- Stabilisierung der Familie durch Substitution: „Für das Ehepaar übernahmen wir die Funktionen von Ersatzeltern, an denen sie sich orientieren konnten." (a.a.O., 37)
- Zur Aktivierung von Ressourcen: „Wir vermieden Kritik und Tadel, sondern verstärkten positive Leistungen. Wir stellten unseren Klienten Aufgaben, die sie bewältigen konnten, die ihr Selbstwertgefühl stärkten. Wir stellten unseren Eltern die Aufgabe, zwischen den Treffen genau zu gucken, in welchen Situationen sie nicht zurechtkamen, wo sie sich überfordert fühlten und diese zu benennen, um aus dem lähmenden ‚alles ist viel-zu-viel' herauszukommen und so Probleme bearbeiten zu können." (a.a.O., 36/37) Herr B. fand bald eine Anstellung, eine entscheidende Verbesserung auf der gesellschaftlichen Regelungsstufe.
- Investition personaler Ressourcen auf Seiten der Berater und eine sozio-emotional getragene Beziehung: „Wir waren grundsätzlich zu

zweit in der Familie (a. a. O., 36) . . . Last not least, haben wir uns bemüht, unseren Klienten einfühlsame, zuverlässige und an ihren Sorgen teilnehmende Partner zu sein, keine allwissenden Schlauköpfe oder kühle Informanten." (a. a. O., 37)

Beurteilen wir nun das Handlungskonzept der Familienberatung anhand der *übergreifenden Merkmale.*

In der *Reichweite* erweist sich Familienberatung als *Breitbandmethode.* Das Konzept sieht einen Allround-Einsatz des Familienberaters vor. Allerdings liegt das Zentrum seiner Tätigkeit in der Familie. Seine Rolle wird – ob er problemkonzentriert, krisenkonzentriert oder stützend arbeitet – durch die Zusammenarbeit mit einer einzigen Familien bestimmt, ist somit hauptsächlich eine innerfamiliäre Rolle. Der Familienberater bezieht den Lebensraum von Familien insoweit ein, als dies erforderlich ist, um im Einzelfall zu helfen.

Die Helferrolle in der psychosozialen Familienberatung ist mit der des Allgemeinarztes zu vergleichen. Er ist der erste Ansprechpartner in allen Problemsituationen. Er ist in der Lage, kompetent zu helfen, kennt aber seine Grenzen. Es zeichnet ihn als befähigten Allgemeinpraktiker aus, daß er weiß, wann er einen Spezialisten zuziehen muß und daß er die entsprechenden Stellen in seinem Arbeitsfeld kennt.

In der Familienberatung gibt es eine weiten Spielraum, die Helferrolle zu definieren. Der Berater kann sich auf bestimmte Bereiche konzentrieren, auf persönliche Konflikte innerhalb der Familie (sozio-emotionaler Bereich) oder darauf, rechtliche Fragen zu klären und die wirtschaftliche Situation einer Familie durch Schuldnerberatung zu verbessern. In anderen Fällen wird er erkennen, daß Konzentration auf einen Bereich verfehlt wäre, z. B., wenn finanzielle Schwierigkeiten Ausdruck persönlicher und rational-organisatorischer Defizite sind.

Diese Variabilität der Beraterrolle bringt es mit sich, daß man im Einzelfall Familienberatung nicht immer klar von den anderen Arbeitsformen unterscheiden kann. So wird problemzentrierte Familienberatung zu familien-therapeutischer Arbeit, wenn sich der Familienberater auf die Veränderung sozio-emotionaler Beziehungsmuster in der Familie konzentriert. Doch bleibt er auch dann der Allgemeinpraktiker, der im Rahmen eines Breitbandkonzeptes arbeitet. Widerstände von Familien, die der Familientherapeut als Spezialist in seinem Setting zu handhaben weiß, wird er nicht überwinden können. Andererseits wird ein Familientherapeut in seiner Spezialistenrolle von vielen Familien nicht angenommen. Außerdem ist er nicht in der Lage, mehrfach bedingte Notsituationen aufzufangen, denken wir etwa an unterprivilegierte Familien, die an allen Fronten zu kämpfen haben. Was Einschlägigkeit anbelangt, so wird vom Familienberater wie vom -therapeuten Expertenkompetenz gefordert. Der Familienberater hat allerdings den Asprüchen eines Fachmannes für alle Problemlagen in seinem Arbeitsfeld zu genügen, während der Familientherapeut als Spezialist gefordert wird.

Da Familienberatung nicht ausschließlich auf Veränderung familiärer Beziehungen angelegt ist, kann der Berater flexibler auf die Lebensbedingungen der Familie eingehen. Er arbeitet *systemkonkordanter* als der Familientherapeut. Allerdings erfordert Familienberatung – ausgenommen der stützende Langzeitkontakt – wie Familientherapie ein spezielles Arbeitssetting. Familienberater und Familie kommen für eine begrenzte Zeit zusammen, um Familienprobleme zu behandeln. Damit wird ein gegenüber den normalen alltagsüblichen Verhältnissen künstliches Beziehungsfeld etabliert. In diesem Aspekt erweist sich Familienberatung systemdivergenter als sozialpädagogische Familienhilfe oder Familienpflege, Arbeitsformen, in denen der Berater in die Alltagsbeziehungen der Familien eingebunden wird.

Mit der Systemkonkordanz hängt der *Ressourcenbedarf* zusammen. Da der Familienberater auch hauptsächlich informierend, aufklärend und unterstützend tätig sein kann, sind die Ansprüche, die an die Familienangehörigen gestellt werden müssen, nicht so hoch wie in der Familientherapie. Der Ressourcenbedarf ist geringer, mit einer Einschränkung: sollte der Familienberater in der problemzentrierten Arbeitsweise Dauerkonflikte auf sozio-emotionaler Ebene verändern wollen, dann nähert er seine Anforderungen an die eines Familientherapeuten an. Die Familie muß belastbarer und vor allem die Eltern müssen in der Lage sein, umzulernen. Anders als der Familientherapeut tritt der Familienberater aber nicht von vornherein als Herausforderer des Familiensystems an. Eine Beratung ist kein Mißerfolg, wenn eine Neugestaltung von Beziehungsregeln nicht erreicht wird. Familientherapeutische Beratung ist daher nicht das Gleiche wie Familientherapie, weil weder die Familie, noch der Familienberater unter dem strengen Veränderungsanspruch einer Therapie antreten.

Umgekehrt geht auch familientherapeutische Arbeit in problemzentrierte Familienberatung über, wenn der Therapeut die Akzente seiner Arbeit aus dem sozio-emotionalen Bereich verlagert oder weniger interveniert, um zu verändern, als um zu stabilisieren. Virginia Satir (1987) hat in ihrem Buch „Selbstwert und Kommunikation. Fa-

milientherapie für Berater und zur Selbsthilfe" eine Arbeitsweise im Übergang zwischen Therapie und Beratung beschrieben. Ein Berater, der sich nur auf dieses Konzept stützte, würde aber den Anforderungen in der psychosozialen Familienberatung nicht gerecht. Er würde weder krisenzentrierte Hilfe leisten, noch stützenden Langzeitkontakt anbieten.
Der Vergleich zwischen Familientherapie und psychosozialer Familienberatung bringt also deutliche Unterschiede zwischen beiden Arbeitsformen zutage: Familienberatung ist ein Breitbandkonzept, Familientherapie ist auf den sozio-emotionalen Bereich fokussiert. Familientherapie arbeitet systemdivergenter als Familienberatung und stellt höhere Ansprüche an die Ressourcen in der Familie. Beide Konzepte erfordern den Experten, allerdings ganz unterschiedlicher Qualität. In der Familienberatung den in allen Bereichen des Familiensystems Bewanderten, in der Familientherapie den Spezialisten für Veränderung innerfamiliärer Beziehungsregeln.

III Sozialpädagogische Familienhilfe

Methode und Abgrenzung zu Familienberatung und -therapie

Ihre Entstehungsgeschichte weist sozialpädagogische Familienhilfe als eigenständige Form sozialer Familienarbeit aus. Die Konzeption wurde 1969 von der Berliner Gesellschaft für Heimerziehung (ab 1977 Berliner Gesellschaft für Sozialarbeit) entwickelt. Den Sozialarbeitern fiel auf, daß Kinder nur deswegen von heute auf morgen in einem Heim untergebracht werden mußten, weil Eltern für kurze Zeit ihre Erziehungsaufgaben nicht meht bewältigen konnten, etwa weil ein Elternteil erkrankt war, eine Haftstrafe zu verbüßen hatte oder weil eine Familie obdachlos geworden war. (vgl. Assmann und Büchner 1985, 3) Den Kindern sollte die sehr belastende Fremdunterbringung dadurch erspart werden, daß ein Familienhelfer in der Familie vorübergehend Elternfunktionen übernahm.
In der zweiten Hälfte der siebziger Jahre wurde dieses Konzept in verschiedenen Modellprojekten erprobt. es erwies sich als erfolgreich, so daß es seit Anfang der achtziger Jahre in größerem Umfang praktiziert wird. 1986 waren im Bundesgebiet und in West-Berlin ca. 2000 Familienhelfer im Einsatz. Rund 60 % der Jugendämter boten sozialpädagogische Familienhilfe an. (Neutzling 1987, 23)
In der *Auffassung familiärer Problemsituationen* übergreift sozialpädagogische Familienhilfe alle Bereiche des Familienlebens. Dies weisen die Problemlagen aus, in denen der sozialpädagogische Familienhelfer eingesetzt wird. H. und K. Nielsen und Müller (1986, 101 – 112) typisieren die familiären Krisen, mit denen Familienhelfer befaßt waren, folgendermaßen:
– Einzelkrisen: „Familien, die ihren Lebensalltag weitgehend ohne fremde Hilfe haben bewältigen können, gerade durch schwerwiegende und nicht erwartete Einzelereignisse wie Partnerverlust, Rückkehr eines Kindes in die Familie, Krankheit/Invalidität, Überwindung von Suchtkrankheiten in Situationen, die sie aus eigenen Kräften nicht mehr bewältigen können. Einzelkrisen berühren nicht die gesamte familiäre Organisation. Sie betreffen während einer begrenzten Zeit Teilgebiete, durch die grundsätzliche Versorgungsleistungen nicht tangiert sind." (a. a. O., 101)
– Strukturkrisen: Sie zeigten sich in Familien, „die Dauerbelastungen ausgesetzt waren. In diesen Familien bestanden oft seit Jahren Partnerprobleme, Suchtprobleme, Erziehungsprobleme, Gewalt,

unregelmäßige Grundbedürfnisbefriedigung, schlechte Wohnverhältnisse und chronische wirtschaftliche Schwierigkeiten ... der gesellschaftliche Standort dieser Familien zeichnet sich überwiegend durch sozio-ökonomische Benachteiligung aus. ... Dauerbelastungen äußern sich nicht fortwährend in einer Krise. Der Stellenwert der Strukturkrise verdeutlicht sich erst dann, wenn effektive Bewältigungsmechanismen zur Überwindung negativer Einzelereignisse entwickelt werden müssen. ... Aufgrund der Dauerbelastung werden solche Familien durch zusätzlich belastende Einzelereignisse in weitaus mehr Bereichen des Familiensystems gestört, als funktionsfähige Familien. Allerdings sind Familien in Strukturkrisen noch in der Lage, Teilgebiete ihres Alltags zu beherrschen". (a.a.O., 101/102)

– Chronische Strukturkrisen bestanden in Familien, „in denen die Eltern gravierende Defizite in ihrer Sozialisation und Bildungserfahrung aufwiesen. In diesen Familien bestanden existentielle Probleme in allen Lebensbereichen. Dauerkrisen gehörten hier zur Lebensform." (a.a.O., 102) Bei chronischen Strukturkrisen sind nicht nur Teile, sondern alle Bereiche der Familie problembelastet, so daß so gut wie keine Ressourcen zur Verbesserung der Lebenssituation verfügbar sind.

Welche dieser Problemlagen jeweils gegeben ist, wird der Familienberater erkennen, wenn er sich anhand des Systembildes einen Überblick über innere und äußere Verhältnisse einer Familie verschafft. In der sozialpädagogischen Familienhilfe wird die Problemsituation so erfaßt, wie wir es schon für die Familienberatung beschrieben haben.

Das *Leitziel* der sozialpädagogischen Familienhilfe wurde ursprünglich von der gesellschaftlichen Regelungsstufe aus bestimmt. Sie sollte verhindern, daß Kinder aus Familien herausgenommen und in Heimen oder Pflegefamilien fremd untergebracht werden. Daß die sozialpädagogischen Familienhelfer die Quote der Fremdunterbringungen tatsächlich senken konnten, also auf der gesellschaftlichen Regelungsstufe erfolgreich waren, trug sicher dazu bei, diese Form sozialer Familienarbeit durchzusetzen. Beispielsweise errechneten H. und K. Nielsen (1984, 16), daß die Stadt Berlin nahezu zehn Millionen DM in den Jahren 1970/80 gespart hat, weil durch sozialpädagogische Familienhilfe Heimunterbringungen überflüssig wurden. Bald schon aber war vorübergehende Stabilisierung nicht mehr das einzige Ziel sozialpädagogischer Familienhelfer, vielmehr sollten sie die Familie langfristig in die Lage versetzen, „die von ihr erwarte-

ten Erziehungsleistungen selbständig zu erbringen". (Pressel 1981, 19/20) Die Familienmitglieder, vor allem die jüngeren, sollten aus der Abhängigkeit von öffentlichen Hilfen herausgeführt werden. Sozialpädagogische Familienhilfe bekam also eine präventive Aufgabe. Wie alle Formen methodischer Familienarbeit, dürfte auch die sozialpädagogische Familienhilfe im allgemeinen nicht in der Lage sein, Familien aus gesellschaftlichen Randpositionen herauszuhelfen. Dies ist nur mit sozialpolitischem Instrumentarium zu erreichen. H. und K. Nielsen (1984, 16) bestätigen dies in ihrer Untersuchung über die Erfolge sozialpädagogischer Familienhelfer: „Die Helfer konnten beraten, motivieren, Informationsdefizite ausgleichen, Entscheidungen fördern, konkrete Entlastungsangebote machen – den gesellschaftlichen Standort verändern konnten sie nicht. In diesen Fällen liegt die hauptsächliche Zielsetzung im Ausgleich familiärer Defizite, in Einzelkrisen oder Strukturkrisen". Der sozialpädagogische Familienhelfer kann aber auch eine Veränderung familiärer Beziehungen anstreben und erreichen, so daß dieses Konzept in seinen Zielen mit der psychosozialen Familienberatung übereinstimmt. „Familienhilfe hat zum Ziel, die Situation der Familie zu verbessern, unter besonderer Berücksichtigung und Einbeziehung der sozio-ökonomischen Situation (gesellschaftliche Regelungsstufe, der Verf.) dieser Familien. Familienhelfer arbeiten vorrangig an der Verbesserung der Familienorganisation in den Bereichen der Versorgung, des Ausgleichs von Informationsdefiziten, der Verbesserung von Alltagsbewältigung und der Stabilisierung der Familie." (H. und K. Nielsen und W. Müller 1986, 195)
Die *Arbeitsweise* des sozialpädagogischen Familienhelfers wird dadurch geprägt, daß er mit den Angehörigen den Familienalltag teilt. Er ist meist zwischen 10 und 20 Stunden pro Woche (vgl. a. a. O., 61) in der Familie. Er arbeitet nicht in einem künstlichen – systemdivergenten – Setting, „fernab in irgendeiner Beratungsstelle oder während eines formalen Hausbesuches". (H. und K. Nielsen 1984, 25) Er setzt Lernprozesse in Gang, die im alltäglichen Zusammenleben ablaufen. Die Familienmitglieder übernehmen Verhaltensweisen, die sie beim Familienhelfer beobachtet haben, lassen sich in konkreten Situationen beraten, setzen sich anläßlich aktueller Schwierigkeiten mit den Meinungen des Familienhelfers auseinander. Auf diese Weise lernen sie Konflikte angemessener zu beurteilen und sich konstruktiver zu verhalten.
Die Arbeit des Familienhelfers veranschaulicht folgender Bericht (Caritasverband Düren-Jülich 1983, 5 ff.). Die Familienhelferin

übernimmt leitende Funktionen und beseitigt so Defizite in der Familie, erweitert den interaktionellen Lebensraum und fördert Lernprozesse: „In manchen Familien mit kleinen und auch größeren Kindern sind keine oder keine ausreichenden Nahrungsmittel vorhanden. Hier hilft die Familienhelferin durch Mittel unseres Verbandes oder etwa auch mit Hilfe der ‚Beratungsstelle für Mütter in Konfliktsituationen'. Da manche Mütter buchstäblich nichts kochen können, übernimmt die Familienhelferin dies und hilft der Mutter es zu erlernen. Säuglinge und Kleinkinder werden in der Körperpflege manchmal völlig vernachlässigt. Windeln und Pflegemittel müssen besorgt werden. Die Mütter müssen angelernt werden, damit umzugehen. (a. a. O., 5) . . . Kindergarten- und Schulkinder sind häufig Bettnässer; und da sie von den Eltern in der Körperpflege nicht unterstützt, sondern alleine gelassen werden, wird ihr Körpergeruch von Gruppenmitgliedern bzw. von Klassenkameraden unangenehm wahrgenommen und bemerkt. Sie geraten in eine Außenseiterrolle. Hier versucht die Familienhelferin, bei den Eltern Einsicht zu vermitteln und unterstützt die Mutter beim Waschen bzw. Baden der Kinder bzw. macht es anfangs vielleicht sogar alleine . . . Die medizinische Betreuung und Versorgung meistens aller Familienmitglieder liegt in der Regel sehr im argen. Sie hat meistens überhaupt nicht stattgefunden. Die Familienhelferin erinnert an Vorsorgeuntersuchungen, vereinbart Termine und nimmt diese zusammen mit der Mutter war. Die Mütter sind anfangs unselbständig, ängstlich und haben geringes Selbstwertgefühl. Sie schaffen solche Wege nicht alleine; obwohl z. B. durch ärztliche Untersuchungen im Kindergarten und auch in der Schule auf Defizite der Zähne, der Augen und auch des Gehörs wiederholt aufmerksam gemacht worden ist. (a. a. O., 6) . . .
Leider haben viele Kinder im entsprechenden Alter bereits eine negative ‚Kindergartenkarriere' hinter sich. Vielleicht waren sie noch zu jung, zu unselbständig, ängstlich, von den Eltern zu sehr alleine gelassen; jedenfalls blieben sie dem Kindergarten fern und sind erst einmal auch nicht mehr zu bewegen, den Kindergarten wieder zu betreten. Familienhelferinnen brauchen hier viel Zeit, Geduld und Einfühlungsvermögen, um in Zusammenarbeit mit den Eltern und dem Kindergarten diese Kinder wieder an den Kindergarten heranzuführen und in die Gruppe zu integrieren. Es bedeutet viel Motivationsarbeit, zu versuchen, den Eltern nahezubringen, daß Kindergarten- und auch Schulkinder die Unterstützung und das ‚Kümmern' der Eltern noch sehr brauchen. In allen Familien, in denen schulpflichtige Kinder leben, gibt es mehr oder weniger große Schul-

schwierigkeiten. Am auffälligsten äußern diese sich durch Leistungsschwierigkeiten, durch unangenehmes Auffallen während des Schulbetriebes und durch Schuleschwänzen. Die Familienhelferin leistet Hilfe beim Hausaufgaben machen. Bei manchen Kindern ist ganz gezielter ‚Nachhilfeunterricht' nötig. Zusammen mit den Eltern führen Familienhelferinnen Gepräche mit Lehrern. (a. a. O., 7) . . . Die Familienhelferin geht mit Kindern außer Haus, damit diese etwas Neues, bisher Fremdes, kennenlernen; beispielsweise die Kinderbücherei, die Schwimmhalle oder ein Kino. Sie ermutigt und unterstützt Kinder und Jugendliche bei deren Wagnis, mit dem Bus zu fahren oder die öffentliche Telefonzelle zu benutzen.
Auch das Einkaufen zusammen mit Kindern wird bewußt geübt, um ihnen hier Sicherheit zu geben, sie Erfahrungen machen zu lassen und auch den Umgang mit Geld zu üben (a. a. O., 8/9) . . . Die Familienhelferin ist Ansprechpartnerin für Eltern; sie hilft ihnen, ihre täglichen Sorgen und Nöte zu tragen und ist Ansprechpartner für bedrückende persönliche Probleme: Beziehungsstörungen der Eltern und Eheleute untereinander, der Eltern zu den Kindern und umgekehrt, Konflikte im Arbeitsleben oder andererseits auch verursacht durch Arbeitslosigkeit. Hier versucht die Familienhelferin . . . in Einzel- oder auch Familiengesprächen, Hilfe zu leisten. Dies ist unter anderem auch deshalb nötig, weil es den einzelnen Familienmitgliedern häufig fremd geworden ist, sich als Familie zusammenzusetzen und gemeinsam zu sprechen. Da die Familienhelferin hier oftmals an ihre Grenzen stößt, versucht sie Interesse zu wecken für spezielle Beratungsdienste, wie beispielsweise für Eheberatung, Konfliktberatungsstelle (§ 218), Lebens- und Glaubensberatung oder andere Beratungsstellen oder Selbshilfegruppen. Kommt es zu solchen Kontakten, unterstützen die Familienhelferinnen die Regelmäßigkeit dieser unter anderem dadurch, daß sie während der Abwesenheit der Mütter deren Rolle zu Hause übernehmen (a. a. O., 9) . . .
Aufgrund vielfacher Überforderung der Eltern stellt sich zu Beginn der Arbeit der Familienhelferin in manchen Familien die Situation so dar, daß berechtigte Anträge beim Sozialamt, Wohnungsamt, Arbeitsamt etc. nicht bzw. nicht umfassend genug dargestellt worden sind. Sie versuchen zusammen mit den Eltern hier eine Klärung herbeizuführen (a. a. O., 10) . . . Sie streckten ihre ‚Fühler aus' und begleiteten und unterstützten arbeitssuchende Väter bei Bewerbungen und Vorstellungsgesprächen. Familienhelferinnen nehmen Kontakt auf zu Pflegeeltern bzw. Heimen, in denen Kinder ‚ihrer' Familien leben. Sie helfen, Barrieren zu beseitigen und Kontakte dieser Kinder

möglich zu machen. Dies können erste Schritte sein für die Rückkehr der Kinder in die Familie". (a. a. O., 11)
Bei solchen Einsätzen kann sich der Familienhelfer leicht in familiäre Konflikte verstricken. Ebenso besteht die Gefahr, daß er als billige Arbeitskraft ausgenützt oder als ‚guter Freund' der Familie vereinnahmt wird. Dem muß er entgegenwirken, indem er im Familienalltag immer wieder seinen begrenzten Arbeitsauftrag als professioneller Helfer deutlich macht. Dies ist z. B. notwendig, „wenn die Familie bemerkt, daß die Familienhelferin bei entsprechenden Institutionen, z. B. Sozialamt, größere Einflußmöglichkeiten hat als sie. Es ist dann einfacher, die Helferin zu bitten, dort mal schnell anzurufen. Sozialpädagogische Familienhilfe soll aber dazu beitragen, das Selbstwertgefühl der Einzelnen zu stärken und dadurch mehr Selbständigkeit und Übernahme von Verantwortung zu erreichen. Dies kann zwar gemeinsame Gänge zu den Ämtern beinhalten, soll aber darauf hinzielen, daß dies möglichst von den Familienangehörigen selbständig übernommen wird". (Tichy 1985, 125)
„Eine Hürde, die regelmäßig übersprungen werden muß, besteht im Übergang von der entlastenden Funktion zu einer Zusammenarbeit mit dem Ziel, die eigenen Anschauungen zu überprüfen und sein Verhalten zu ändern über Entlastungen hinauszugehen, besonders bei Familien mit chronischen Strukturkrisen." (H. und K. Nielsen und Müller 1986, 191)
In diesem Zusammenhang muß man sehen, daß der sozialpädagogische Familienhelfer oft eingesetzt wird, wenn eingreifende Maßnahmen drohen. Er wird dann als der verlängerte Arm des Jugendamtes angesehen. Auf der gesellschaftlichen Regelungsstufe ist das Verhältnis durch eine Einbindung in Kontrollfunktionen belastet. Hat eine Familie zugestimmt, daß ein Familienhelfer zu ihr kommt, so ist erst einmal zu erproben, ob der Zwang, der über die gesellschaftliche Regelungsstufe ausgeübt wird, verhindert, eine sozio-emotional tragfähige Beziehung aufzubauen. Dies ist ein Grund, warum die Orientierungsphase in der sozialpädagogischen Familienhilfe besonders ausgedehnt ist, von durchschnittlich einem viertel Jahr bis zu einem halben Jahr. (Jugendamt Stadt Kassel u. a. 1984, 380) In dieser Zeit kann auch der Familienhelfer von seiner Tätigkeit in einer Familie zurücktreten. Mehr noch als in der Familientherapie und Familienberatung muß bei dieser, durch methodische Arrangements wenig geschützten Tätigkeit die sozio-emotionale Beziehung zwischen dem Familienberater und den Familienangehörigen stimmen. Dabei geht es nicht nur um den Familienberater, sondern auch um die Selbstbe-

stimmung der Familienangehörigen. Denn in keiner sozialen Helferrolle, die mit einem institutionellen Kontrollauftrag verbunden ist, dringt gesellschaftliche Macht soweit in die Privatsphäre der Familie ein.

Da dem Berater der Rollenschutz durch ein spezielles Behandlungssetting fehlt, muß er darin unterstützt werden, immer wieder auf innere Distanz zu seinen Beziehungen in der Familie zu gehen. Es ist unabdingbar, daß er mit fachkundigen Kollegen in regelmäßigen Abständen bespricht, welche Funktionen er auf den verschiedenen Regelungsstufen in der Familie übernimmt und wie er in die Außenbeziehungen eingeschaltet ist. Wenn schon keine Supervision angeboten wird, so ist das Mindeste, daß sich Familienhelfer regelmäßig treffen, um im kollegialen Gespräch ihre Rollen in „ihren" Familien zu überdenken und Lösungen für schwierige Situationen zu suchen.

H. und K. Nielsen und Müller fanden folgende Vorgehensweisen erfolgreicher Familienhelfer (1986, 190):

- „Klarheit darüber kriegen, was man will. Keine intellektuellen Auseinandersetzungen führen, Offenheit und Kooperation anbieten;
- weder die Probleme der Familien definieren noch lösen. Das muß die Familie selber machen. Dabei können Familienhelfer unterstützen;
- Aufmerksamkeit behalten für Unterstützung statt Überversorgung;
- Durchsetzungsvermögen entwickeln, ohne autoritär zu sein;
- Distanz behalten und in bestimmten Situationen auf die Distanz verzichten können;
- Überangebote vermeiden;
- praktische Hilfen leisten, mit anpacken;
- Informationsdefizite ausgleichen;
- Heranführung an Nutzung sozialer Netzwerke für die Eltern und die Kinder."

In den *übergreifenden Merkmalen* methodischer Arbeit steht die Rolle des sozialpädagogischen Familienhelfers der des psychosozialen Familienberaters besonders nahe und weniger der eines Familientherapeuten. Die *Reichweite* von Familienberatung und sozialpädagogischer Familienhilfe ist gleich. Beides sind „Allround-Rollen". Der Sozialberater ist durch das Arbeitskonzept nicht von vornherein auf bestimmte Bereiche augerichtet. Erst in der konkreten Arbeit entwickeln sich Schwerpunkte seiner Tätigkeit. In der Arbeit richtet sich die Vorgehensweise zuerst nach dem, was die Familie als

vorrangig ansieht. Im Hintergrund aber immer präsent sollten die Arbeitsziele der Familienhelferin stehen. „So läuft die Arbeit einer Familienhelferin immer auf mehreren Ebenen gleichzeitig. Wird von der Sozialarbeit eines allgemeinen Sozialdienstes als eine Zielvorstellung bessere Haushaltsführung und Versorgung genannt, so kann dies z. B. über gemeinsames Kochen erreicht werden. Beim gemeinsamen Kochen werden aber nicht nur praktische Fertigkeiten vermittelt (rational-organisatorische Regelungsstufe, der Verf.) sondern die Mutter bekommt nach und nach mehr Selbständigkeit und Selbstbewußtsein (personale Regelungsstufe, der Verf.) dadurch, daß sie nach kurzer Zeit auch ohne Anleitung der Familienhelferin kocht. Somit folgt der Vermittlung von praktischen Fertigkeiten oft mehr Selbstbewußtsein der Einzelnen. Dies bringt Bewegung ins Familiensystem und bietet dann eine gute Gelegenheit, mit Veränderungen in der Beziehungsstruktur der Familie zu beginnen." (Tichy 1985, 122)
Sofern der sozialpädagogischer Familienhelfer Änderungen in den familiären Beziehungsstrukturen erreichen soll, wird im Merkmal der *Einschlägigkeit* Expertenkompetenz gefordert. In dem Maße, wie das Veränderungsziel in den Hintergrund tritt und die Funktionsfähigkeit einer Familie dadurch gestärkt wird, daß der Familienhelfer vorübergehend für die Eltern einspringt, verschiebt sich die Anforderung in Richtung „Alltagskompetenz reicht aus". Sozialpädagogische Familienhilfe nähert sich dann der Familienpflege – als Arbeitsform, nicht als Beruf! (siehe folgendes Kapitel) – an.
Die Anforderungen, die an die Kompetenz gestellt werden, stehen in engem Zusammenhang mit der *Systemkonkordanz*. In der Zielsetzung gleichen sich hier wiederum Familienberatung und sozialpädagogische Familienhilfe. Beide können ihre Ziele variieren. Von der systemkonkordanten substituierenden Funktion bis zur systemdivergenten Veränderungsarbeit. Beiden ist gegenüber Familientherapie gemeinsam, daß sie nicht an dem einzigen Erfolgskriterium gemessen werden, ob Beziehungen umstrukturiert wurden. In der Systemkonkordanz liegt aber auch der grundlegende Unterschied zwischen sozialpädagogischer Familienhilfe und Familienberatung: Sozialpädagogische Familienhelfer arbeiten systemkonkordanter als psychosoziale Berater, denn sie übernehmen eine Rolle im alltäglichen Beziehungsgefüge einer Familie.
Lassen wir dazu kurz eine Familienhelferin zu Wort kommen. (Neutzling 1987, 24)
„Man muß sich stets vor Augen halten, daß die Familie in einer ande-

ren Welt lebt. Ich bin in eine Familie mit sechs Kindern gekommen. Wenn die Kinder Schularbeiten machten, hat mich das fast wahnsinnig gemacht, weil sich alles in der überfüllten Küche abspielte. Ich dachte, unter diesen Bedingungen ist es klar, daß die Kinder so schlecht in der Schule sind. Ich habe dann in zwei Kinderzimmern Schreibmöglichkeiten angebracht, was die Kinder einige Tage auch ganz spannend fanden. Wenig später saßen sie wieder in der Küche. Für sie war das einfach wichtig, dort mit allen zusammenzusitzen und hatten mit der Zeit gelernt, in diesem Chaos Schularbeiten zu machen."

Die größere Systemkonkordanz sozialpädagogischer Familienhilfe liegt in der Arbeitsweise, nicht in der Problemauffassung und Zielsetzung. In der psychosozialen Beratung, speziell in der problemzentrierten Form, begegnet der Helfer seinen Klienten in einem methodisch verengten Beziehungsfeld. Blandow u. a. (1985, 361) arbeiten diesen Unterschied zwischen Beratung und systemkonkordanter Familienhilfe im Begriff der „konkret zupackenden Hilfe" heraus „wenngleich die ‚alten' Mittel der Sozialarbeit, Beratung, psychosoziale Krisenintervention, Gespräche und Einzelhilfe nicht überflüssig geworden sind, werden in zunehmendem Maße Hilfen erforderlich, die man als konkret zupackende Hilfe bezeichnen könnte. Konkrete Beteiligung an der Wohnungssuche, Intervention beim Arbeitsamt, Schuldnerberatung und Ordnung von Finanzen sind einige Beispiele." Je mehr ein sozialpädagogischer Familienhelfer seine Beziehungen an methodischen Regelungen ausrichtet, also systemdivergent arbeitet, desto mehr nähert er sich der Rolle eines Familienberaters an. Umgekehrt, je weiter sich ein Familienberater in alltägliche Beziehungsmuster einläßt, desto mehr gleicht er seine Rolle der eines sozialpädagogischen Familienhelfers an.

Sozialpädagogische Familienhilfe steht der Familienberatung näher als Familientherapie. Wollte ein sozialpädagogischer Familienhelfer in einer bestimmten Phase als Familientherapeut tätig werden, müßte er die Beziehung zu Familie neu definieren, ein spezielles Setting festlegen und Veränderungsziele auf der sozio-emotionalen Ebene herausstellen. Er würde nicht nur in den Zielen, sondern auch in der Arbeitsweise zum Gegenpol überwechseln. Dies könnte er sich nur als Experte im Umgang mit sozio-emotionalen Konflikten zumuten, da der Veränderer immer den Widerstand des Systems herausfordert. Wer sich dagegen auf den Linien vorhandener Beziehungsmuster bewegt, findet leicht Entgegenkommen. Diese systemkonkordante Form der Familienhilfe können auch Laien überneh-

men, unter der Bedingung, daß sie professionell angeleitet werden. Denn der Laie ist mehr noch als der geschulte Fachmann in Gefahr, die Rollendistanz zu verlieren und seine Machtposition unreflektiert auszuspielen oder sich von einer Familie ausbeuten zu lassen.
Aufgrund der systemkonkordanten Arbeitsweise findet der sozialpädagogische Familienhelfer Anschluß an unterprivilegierte Familien. Sie ermöglicht auch, die Widerstände zu überwinden, die in vielen Fällen zunächst einmal deswegen auftreten, weil sozialpädagogische Familienhilfe vom Jugendamt veranlaßt wird (Systemdivergenz auf der gesellschaftlichen Regelungsstufe).
Im Merkmal *Ressourcenbedarf* fragen wir, welche Stärken und Hilfsquellen im Familiensystem und welche auf Seiten des Anbieters vorhanden sein müssen, damit eine Arbeitsform angeboten werden kann.
Die sozialpädagogische Familienhilfe setzt ein Mindestmaß an Zusammenhalt und Kooperationsbereitschaft voraus. Sie hat dann Aussicht auf Erfolg, wenn folgende Mindestkriterien gegeben sind (Dekker 1985, 121):

– der Wunsch der Familie, zusammenzubleiben,
– tragfähige emotionale Beziehungen zwischen den Familienmitgliedern,
– ein gewisses Maß an Einsichtsfähigkeit und Bereitschaft der Eltern, den Familienhelfer zu akzeptieren und mit ihm zusammenzuarbeiten.

Als nicht sinnvoll hat sich erwiesen, wenn:

– „die Ursache der familiären Desorganisation eine schwere psychische oder hirnorganische Störung ist,
– offensichtlich eine Suchtproblematik vorliegt, die die familiären Schwierigkeiten bedingt ...” (Kreisjugendamt Weilheim-Schongau 1986, 9, ebenso Decker 1985, 121)

H. und K. Nielsen und W. Müller (1986, 194/195) führen zu den Basiskompetenzen der Familienhelfer aus: Sie „sollten in jedem Fall, bevor sie in einer Familie arbeiten, Vorerfahrungen in der praktischen Arbeit mit Kindern oder Eltern gesammelt haben ... Ein weiterer wichtiger Punkt ist die eigene Lebenserfahrung, über die ein Familienhelfer verfügt. Da das Ausmaß der Lebenserfahrung in vielen Fällen mit zunehmendem Alter steigt, neigen wir dazu, mit Vorsicht zu behaupten, daß Familienhelfer über 25 Jahre alt sein sollten, wenn man mit ihnen die Hoffnung verbindet, daß die Eltern sie als Korrektiv akzeptieren. Gerade junge Familienhelfer haben oftmals die Tendenz, eine starke Parteilichkeit für die Kinder zu entwickeln und schaffen damit in der Familie eher ein zusätzliches Problem, als zur Problemreduzierung beizutragen. Um ‚Helfer' der Familie werden zu können, benötigen Familienhelfer Kenntnisse der Regelsysteme von benachbarten Familien ... Die Fähigkeit eines Familienhelfers, sich selbst zur reflektieren und kritisch zu beobachten, ist mindestens ebenso erforderlich, wie die Sensibilität gegenüber der Definitionsmacht, die er in der Familie ausübt ... Weitere Merkmale der ‚Basiskompetenz' bilden Kooperationsfähigkeit, Belastbarkeit, Dialogfähigkeit, Konfrontationsfähigkeit, Zuverlässigkeit, Durchsetzungsfähigkeit ..."

Der Familienhelfer muß allein in der Familie bestehen und auf den Rollenschutz verzichten, den ein spezielles Beratungs- oder Behandlungsarrangement bietet. Er arbeitet allein in der Familie, darf aber nicht mit seiner Familie allein gelassen werden. Die Stelle, die ihn entsendet, muß daher in der Lage sein, Praxisberatung bzw. Supervision zu finanzieren.

Wenn wir anhand der übergreifenden Merkmale sozialpädagogische Familienhilfe, Familientherapie und -beratung vergleichen, so nimmt die Familienberatung eine Mittelstellung ein. Der Familientherapeut kann, ohne daß er seine Beziehungen zur Familie einschneidend verändert, in die Rolle des Familienberaters gehen. Auch der Familienberater kommt zwanglos zu einer familientherapeutischen Arbeitsform – einer Variante der problemzentrierten Beratung – wenn er die Gespräche therapeutischen Zielsetzungen entsprechend fokussiert. Ebenso fließend sind die Übergänge zwischen der Rolle des Beraters und des sozialpädagogischen Familienhelfers. Wollte der Berater aber aus der sozialpädagogischen Familienhilfe in familientherapeutische Arbeit übergehen, müßte er von der systemkonkordanten zupackenden Arbeit im Familienalltag umstrukturieren auf eine systemdivergente Arbeitsweise in einem speziellen Setting.

IV Familienpflege

Methode und Abgrenzung zur sozialpädagogischen Familienhilfe

Familienpflege ist die älteste Form sozialer Arbeit in Familien. Einige Stationen aus der Entwicklung dieser Helfertätigkeit belegen dies (Schellhorn 1986):

– „Bereits die christlichen Gemeinden im frühen Mittelalter organisierten diesen Dienst für die sogenannten Hausarmen, einen Dienst, der im Hoch- und Spätmittelalter für die Armen, Kranken und Familien (vgl. Elisabeth von Thüringen) genau so weitergeführt wurde, wie sie in der Mitte des 17. Jahrhunderts, als Vinzenz von Paul seine Barmherzigen Schwestern in Wohnungen der Armen und Kranken schickte, damit sie sich um die elementaren Dinge der Versorgung der Kranken und ihrer Familien kümmerten ...

– „Am 1. November 1892 [gründeten] Frankfurter Bürger den ersten Hauspflegeverein Deutschlands. Dieser Gründung lag eine bis heute gültige Konzeption zugrunde: Man wollte die große Krise abfangen, die über ein ‚Haus' (eine Familie) hereinbrechen kann, wenn die Mutter durch Krankheit ausfällt. Dies sollte durch den Einsatz ganztägig verfügbarer Frauen aus dem gleichen Milieu geschehen, die für diese Aufgabe besonders ausgewählt wurden. Es galt, mit der Hauspflege den Zusammenhalt der Familie zu sichern, das Hauswesen (was mehr als die Wohnung ist!) in Ordnung zu halten und die Erziehung der Kinder kontinuierlich fortzusetzen". (a. a. O., 9)

– „In die beiden ersten Jahrzehnte des 20. Jahrhunderts fallen dann die Gründungen von Schwesternschaften, die sich eigens um die Hauspflege als Schwerpunkt-Aufgabe bilden." (a. a. O., 10)

– „Neben den Schwesterschaften traten Anfang des 20. Jahrhunderts die Freien Wohlfahrtsverbände mit einer großen Zahl sogenannter Hauspflegehelferinnen auf den Plan. Es handelte sich um Frauen, die gelegentlich oder regelmäßig auf der Basis eines bezahlten nebenberuflichen Dienstes Hauspflegearbeit übernahmen ... Darunter waren immer wieder auch ehrenamtlich tätige Mitarbeiterinnen, von denen eine ganze Reihe auch in die Organisation des Dienstes einstiegen oder als Vermittlerinnen tätig wurden. Hier zeigt sich der ursprüngliche Zusammenhang unter den drei Formen der Familienpflege, in der sie auch heute noch ausgeübt wird: hauptamtlich, nebenberuflich und ehrenamtlich ". (a. a. O., 11)

– „Als eigenständige Sonderform im Rahmen der gesamten Familienpflegearbeit hat sich ... nach dem Zweiten Weltkrieg der Beruf der Dorfhelferin herausgebildet ... Fiel die Landfrau für Wochen oder gar Monate aus, so konnten ihre Aufgaben in Familie, Haushalt und Betrieb immer weniger von Familienangehörigen oder durch Nachbarn übernommen werden ... Um für solche Notlagen die erforderliche, zeitlich begrenzte Hilfe leisten zu können, wurde der Beruf der Dorfhelferin geschaffen." (a. a. O., 13)

Als Familienpflege bezeichnen wir nicht nur eine berufliche Tätigkeit, sondern auch eine Rolle, die ein Berater in Familien übernehmen kann. Familienpflege wird dann als Methode sozialer Familienarbeit gesehen.

„Hauspflege (und Familienpflege, d. Verf.) ist die vorübergehende Betreuung von Familien oder Einzelpersonen in ihrer Häuslichkeit in pflegerischer, hauswirtschaftlicher und erzieherischer Hinsicht durch eine Pflegeperson ... Betreuung ist hier zu verstehen als Einheit von pflegen, erziehen und wirtschaften. Wenigstens zwei dieser drei Grundfunktionen müssen in jedem Einzelfall von Familienpflege erforderlich sein." (a. a. O., 18) In diesem Sinne wird Familienpflege hier besprochen. Da sie ausschließlich von Frauen geleistet wird, bleiben wir sprachlich beim weiblichen Geschlecht.

Die *Auffassung der familiären Problemsituationen* umgreifen die ganze Bandbreite der familiären Beziehungen. Dies geht schon aus den Anlässen, zu denen Familienpflege eingesetzt wird, hervor:

– „Notlage in der Familie bei Abwesenheit der Mutter wegen Krankheit, Kur, Heilstättenbehandlung u. ä. in Familien mit Kindern;
– Notlage in der Familie bei Abwesenheit der Mutter für die Pflege kranker oder behinderter Mütter zu Hause ... und für die Versorgung der Familie;
– Versorgung der Schwangeren bzw. Wöchnerin und des Säuglings, gegebenenfalls auch der Familie;
– Versorgung von Familien oder Einzelpersonen in besonderen sozialen Schwierigkeiten." (a. a. O., 78/79)

Die Schwierigkeiten liegen unmißverständlich in einem Versorgungsnotstand in der Familie. Die Familienpflegerin übernimmt mütterliche Funktionen. Unter den vier Zielen sozialer Familienarbeit, die wir in Kapitel IV unterschieden haben, ist also die Substitution familiärer Defizite *Leitziel* des Handelns.

Natürlich werden Familienangehörige von der Familienpflegerin auch lernen, wenn sie beobachten, wie sie den Haushalt organisiert, einen Kranken versorgt, mit den Kindern umgeht, und wenn sie mit

den Angehörigen Bewertungen diskutiert, z.B. wieviel Ordnung müssen die Kinder halten, was heißt konsequent durchgreifen, wieviel Rüchsichtnahme kann ich von meinem Partner fordern? Die Familienpflegerin verändert auch Beziehungen. Dies ist jedoch nicht der Auftrag, mit dem sie in die Familie hineingeht. Sie wird in die Familie geholt, um ihr zu helfen, eine aktuelle Notlage zu überstehen. Dies bestimmt das Gesicht ihrer Tätigkeit.
Ihre *Arbeitsweise* kann als „zupackende" (Blandow u.a. 1985, 360) Hilfe charakterisiert werden. Sie pflegt Kranke, betreut Mutter und Säugling zu Hause. Sie führt den Haushalt von den täglichen anfallenden Hausarbeiten bis hin zur Verwaltung des Haushaltsgeldes, sie vertritt die Mutter in der Erziehung der Kinder, gibt z.B. Anregungen für Spiele und Freizeitbeschäftigung, nimmt sich der Probleme der Kinder an, sorgt für den regelmäßigen Schulbesuch und die Erledigung der Hausaufgaben. (vgl. Bundesanstalt für Arbeit 1982, 3)
Lassen wir den Deutschen Verein für öffentliche und private Fürsorge mit einigen Beispielen zu Wort kommen (Schellhorn 1986, 19/20):
„– Bereich Familienhilfe
Junge Familien (Frühehe), schnell aufeinanderfolgende Geburten, dritte Geburt Zwillinge. Mutter völlig erschöpft, auch infolge beruflicher Arbeit, um Eigenheim zu finanzieren. Familienpflege wird gewährt für die Zeit der Niederkunft und für eine Zeit danach zur gesundheitlichen Stabilisierung der Mutter.
– Bereich der Psychiatrie
Familienpflege ermöglicht bei einer psychisch kranken Mutter im Frühstadium eine medikamentöse Behandlung zu Hause. So kann ein kostenspieligerer stationärer Aufenthalt vermieden werden. In einem anderen Fall wird im Frühstadium der Erkrankung eine stationäre Behandlung durch Familienpflege ermöglicht (Prävention). Ebenso wichtig kann die Hilfe durch Familienpflege nach Entlassung aus einer psychiatrischen Einrichtung sein, beispielsweise für eine Mutter, die sich in ihrem Lebens- und Aufgabenkreis wieder zurechtfinden und den Umgangmit den Kindern verkraften muß.
– Bereich Behindertenhilfe
Beispiel: Früherfassung und häusliche Beratung der Mutter eines geistig behinderten Kindes in einer Familie mit mehreren Kindern. Hier ermöglicht die Familienpflegerin, daß sich die Mutter eine Zeitlang ganz auf ihre Aufgaben am behinderten Kind einstellen kann. Sie entlastet die erschöpfte Mutter von den übgrigen Familienaufgaben und ermutigt sie zur Übernahme der neuen Aufgaben in ihrer

neuen Lebenssituation. So kann in vielen Fällen verhindert werden, daß sich die Situation in einer Familie dramatisch zuspitzt und kostspieligere Maßnahmen notwendig werden (Prävention).
– Bereich Jugendhilfe
Familienpflege wird eingesetzt zur Unterstützung und Anleitung einer in Hauswirtschaft und Erziehung unsicheren bzw. unerfahrenen Mutter, um noch schwereren Familienkrisen vorzubeugen und die Herausnahme der Kinder in Heimerziehung zu vermeiden (Prävention)."
In der *Reichweite* gehört die Familienpflege zu den Breitbandmethoden. Wie sozialpädagogische Familienhelfer und -helferinnen teilen auch die Frauen in der Familienpflege den Lebensalltag der Familie. In den wenigen Sätzen, die im folgenden die Tätigkeit der Familienpflegerin umreißen, werden sämtliche Regelungsstufen innerhalb der Familie und der interaktionelle Lebensraum angesprochen (Bundesanstalt für Arbeit 1986, 2): „... sie muß mit dürftigsten Hilfsmitteln und knapp bemessenem Haushaltgeld genau so zurechtkommen, wie in einem aufwendiger geführten, modern ausgestatteten Haushalt (rational-organisatorische Stufe im Zusammenhang der gesellschaftlich regulierten und ökosystemischen Verhältnisse, d. Verf.). Da die Familienpflegerin als Vertrauensperson (sozio-emotionale Regelungsstufe, d. Verf.) durch ihr wochenlanges Miterleben – eine Pflege dauert gewöhnlich 4 Wochen – Einblick in die internen Familienverhältnisse gewinnt (dies betrifft auch die personale Stufe, d. Verf.), wird sie auch erkennen können, ob über ihre eigene Tätigkeit hinaus Hilfe von außen her nötig ist. Sie kann auf das Vorhandensein von Beratungsstellen verschiedenster Art aufmerksam machen und über ihren Trägerverband Sozialhilfe oder andere Hilfe in die Wege leiten" (interaktioneller Lebensraum und gesellschaftliche Regelungsstufe, d. Verf.).
Die Familienpflegerin hat eine in hohem Maß *systemkonkordante* Rolle. In der Auffassung der Familienprobleme, den Zielen und in der Arbeitsweise fügt sie sich in das vorhandene Familiensystem ein. Dieses Konzept ist in der Alltagssprache familiärer Notlagen verfaßt. Die Familienpflegerin muß nicht erst Problembewußtsein schaffen, Formen von Störungen aufzeigen. Sie nimmt das Leiden der Familie so auf, wie es ihr entgegengebracht wird. Nicht nur die persönliche Arbeit, sondern auch die sozial-rechtliche Regelung – gesellschaftliche Regelungsstufe – ist auf Ersatzfunktionen abgestellt. Die Krankenversicherung bezahlt etwa Familienpflege, wenn die Mutter zwar zu Hause ist, aber wegen Krankheit oder Mutter-

schaft den Haushalt nicht führen kann. Die Rentenversicherung bezahlt eine Familienpflegerin, um Eltern Rehabilitationsmaßnahmen außerhalb ihres eigenen Haushaltes zu ermöglichen. Auch über Sozialhilfe kann Familienpflege, z. B. zur Weiterführung des Haushaltes oder zur häuslichen Pflege, finanziert werden (vgl. Schellhorn 1986, 58 ff.). Die Rolle der Familienpflegerin ist also auf allen Regelungsstufen in gleichem Sinne gestaltet.

Familienpflege ist soziale Arbeit, steht aber nicht unter der Spannung des doppelten Mandats, zu helfen, aber auch in gesellschaftlichem Auftrag zu verändern, bzw. zu kontrollieren. Die Familienpflegerin tritt als erwünschte Helferin auf den Plan, sie fordert nicht, sondern unterstützt.

Hier liegt der methodenbestimmende Unterschied zur sozialpädagogischen Familienhilfe. Die Familienpflegerin kommt nicht mit dem Auftrag in die Familie hinein, die Beziehungen dort zu verändern. In den Fällen, in denen die Mutter abwesend ist, verbietet sich dies von vornherein. Die Mutter muß von Anfang an am Veränderungsprozeß beteiligt sein. Sie ist eine Schlüsselfigur im Familiensystem. Eine Veränderung der Regeln, zum Beispiel andere Organisation des Haushaltes oder veränderte Regeln im Umgang mit Nachbarn und Freunden, würden ihr Boden in der Familie entziehen. Sie würde nach ihrer Rückkehr in einer homöostatischen Reaktion (siehe Kapitel IV Teil 1) die alte Ordnung wieder herzustellen versuchen. Je nach persönlicher Verfassung könnte sie mehr oder weniger krisenhaft reagieren.

Familienpflege mit Änderungsauftrag würde also das Risiko einer Destabilisierung der Familie erhöhen. Wenn die Familienpflegerin in Anwesenheit der Mutter arbeitet, liegt es aber durchaus nahe, ihr einen Veränderungsauftrag mitzugeben. In diesem Fall kommt sie in die Rolle einer sozialpädagogischen Familienhelferin. Allerdings müßte dann das systemdivergente Ziel, die Familie zu verändern, auch durch entsprechende methodische Ausbildung der Helferin und Gestaltung der Arbeitsbedingungen eingelöst werden. Denn der systemdivergente Auftrag verändert die Beziehung zur Familie. Die Familienpflegerin hätte nun auch die Organisation der Beziehungen und das persönliche Verhalten der Familienangehörigen untereinander zu analysieren und ausdrücklich in Frage zu stellen. Dies wäre doch eine andere Art von Veränderungsarbeit, als diejenige, die in eine unterstützende Tätigkeit, durchaus reflektiert, einfließt.

Familienpflege kann eine Frau übernehmen, wenn sie über soziale Alltagskompetenz verfügt. Die ehrenamtlich geleistete Familienpflege belegt diese Einschätzung der *Einschlägigkeit*. Daraus ist aber nicht zu schließen, daß ein sozial und in der Haushaltsführung bewanderter Laie den Beruf einer Familienpflegerin übernehmen kann. Alltagskompetenz ist immer auf eine bestimmte Lebenswelt in einer Gesellschaft beschränkt. Wer in einer vierköpfigen Mittelschichtfamilie aufwächst, erwirbt nicht die Verhaltens- und Interpretationsmuster, um in einer kinderreichen Familie in der Unterschicht zu bestehen. Er kann in Familien eingesetzt werden, die seinem Herkunftsmilieu entsprechen. Die berufliche Familienpflegerin hat sich dagegen in deklassierten Familien ebenso zu bewähren, wie in einem mit allem Komfort ausgestatteten Haushalt der Oberschicht. Und selbst die berufliche Familienpflege mußte in die Sparte der Dorfhelferin und Familienpflegerin aufgeteilt werden. Denn es erfordert spezielle Fertigkeiten und Kenntnisse, die Mutter in einem landwirtschaftlichen Anwesen zu ersetzen. Aber auch die Aufgabe einer Dorfhelferin kann auf der Basis von Alltagskompetenz übernommen werden. Nachbarn helfen einander, Haus und Hof zu versorgen, wenn einmal Not am Mann ist, oder ein Landwirtehepaar einmal gemeinsam Urlaub machen will. Nur – und dies ist, neben der Notwendigkeit in unterschiedlichsten Familienverhältnissen zu arbeiten, der zweite Grund für berufliche Familienpflege – nachbarschaftliche Hilfe ist nicht entfernt in dem Maße verfügbar, in dem sie benötigt wird. Ehrenamtliche Helfer sind weder in ausreichender Zahl vorhanden, noch sind sie in der Lage, die Zeit, die eine Familie braucht, zu investieren. Die sozialen Ressourcen im interaktionellen Lebensfeld – in den primären Netzwerken – reichen nicht aus, den Bedarf zu decken.

Die größte methodische Verwandschaft besteht zwischen sozialpädagogischer Familienhilfe und Familienpflege. Beide werden eingesetzt, um die Familie in einer Notlage zu stabilisieren, in beiden Rollen lebt der Familienberater/die Familienberaterin mit der Familie zusammen. Familienpflege und sozialpädagogische Familienhilfe haben die gleiche Reichweite im Familiensystem, in der Arbeitsweise sind sie beide systemkonkordant. Anders jedoch als die Familienpflege hat die sozialpädagogische Familienhelferin auch das systemdivergente Ziel, die familiären Beziehungen zu verändern. Aufgrund dieser Zielsetzung ist der *Ressourcenbedarf* in der sozialpädagogischen Familienhife höher als in der Familienpflege. Der sozialpädagogische Familienhelfer muß zusätzliche Kompetenzen zur Veränderung familiärer Systeme mitbringen, auf Seiten der Familie muß auch in der Notlage ein Fundus an Bereitschaft und Fähigkeit zur Veränderung erkennbar sein. Viele Familien, die familienpflegerisch betreut werden, fallen daher für die sozialpädagogische Familienhilfe aus. Es ist zwar konzeptionell ohne weiteres möglich, auch in die Familienpflege Veränderungsziele aufzunehmen, sie in sozialpädagogische Familienhilfe zu überführen, die soziale Rolle wird dadurch aber gravierend verändert.

V Soziale Arbeit im Lebensraum der Familie – soziale Netzwerkarbeit

Die Entstehungsgeschichte weist in die 60er Jahre zurück. Die etablierten gesellschaftlichen Institutionen, Autoritäten und herkömmlichen Rollen wurden durch die außerparlamentarische Opposition in Frage gestellt. Basisdemokratisches Gedankengut wurde im Bewußtsein der jungen Generation verbreitet und drückte sich in Gegenmodellen zu etablierten Einrichtungen aus: Wohngemeinschaften gegen die bürgerlich enge Gesellungsform der Kernfamilie, Kinderläden, in denen auf selbstregulierte Konfliktlösung gesetzt wird statt Kindergärten, in denen die Erwachsenen die Regeln vorschreiben, Bürgerinitiativen gegen Bürokratie und staatliche Unvernunft; Bürgerinitiativen, Wohngemeinschaften, Patientenkollektive: die kleinen sozialen Netze wurden damals ins öffentliche Bewußtsein gebracht. Geprägt wurde dieser Ausdruck (Gross und Badura 1976) allerdings erst, nachdem diese Ideen Mitte der 70er Jahre in die staatliche Sozialpolitik aufgenommen wurden und auf der ganzen Breite praktischer Sozialarbeit an Bedeutung gewannen. Ausschlaggebend war, daß in dieser Zeit wirtschaftlicher Rezession der bisherige Bestand öffentlicher sozialer Hilfen nicht mehr zu finanzieren war. Die Sozialpolitiker sprachen von einer Form neuer Subsidiarität. In der Sozialarbeit wurde diskutiert, ob es nicht zu einer schädlichen „Überprofessionalisierung" sozialer Hilfen gekommen sei. Der Bürger sei möglicherweise von beruflichen Helfern verwöhnt und entmündigt und dadurch in seiner Autonomie und seinem Willen, sich selbst zu helfen, geschwächt. Man hielt kritisch Nachschau, ob nicht professionelle Sozialarbeiter tätig wurden, wo Laien oder die Betroffenen sich selbst helfen konnten.

Netzwerkarbeit, die wir als Arbeitsform sozialer Familienarbeit betrachten, findet im Feld der primären Außenbeziehungen statt. Zwei Formen familienbezogener sozialer Netzwerkarbeit beherrschen das Bild: *Gruppenarbeit mit Familienangehörigen* und *Nachbarschaftshilfe.*

Die *Auffassung der Problemsituationen* richtet sich auf belastende Faktoren, die im interaktionellen Lebensraum der Familie liegen. Gerade Familien, die intern besonders belastet sind, sind oft nicht in der Lage, persönliche Außenkontakte aufzunehmen und zu pflegen. Im Gegenzug werden sie in ihrer Nachbarschaft übersehen oder abgelehnt. Eltern und Kinder haben keine Freunde, bei denen sie sich einmal aussprechen können oder deren Hilfe sie erbitten können. Diese Isolation wirft die Familie auf sich selbst zurück. Alltägliche Spannungen und Schwierigkeiten wachsen sich leicht zu Krisen aus, etwa Meinungsverschiedenheiten über die Erziehung der Kinder, Ärger, den der Vater von der Arbeit mit nach Hause bringt, Schulprobleme, organisatorische Schwierigkeiten, z. B. wenn kleine Kinder zu beaufsichtigen und zugleich die alltäglichen Einkäufe zu erledigen sind. Die Isolation potenziert innerfamiliäre Belastungen.

Zielsetzung des Familienberaters ist, Beziehungen zwischen den Menschen zu vermitteln – also primäre Netzwerke knüpfen – und Menschen zu veranlassen, einander zu helfen – also Ressourcen im Netzwerk zu aktivieren. Folgende Hilfepotentiale der Gruppe werden immer wieder genannt:

– Die Mitglieder unterstützen einander, indem sie in Notfallsituationen, aber auch bei weniger gravierenden Anlässen, einander beispringen und in Gesprächen zur Entlastung von Schuldgefühlen, bedrückenden Erlebnissen und Ängsten beitragen.

– Angehörigengruppen tragen dazu bei, daß der Einzelne in belastenden Lebenslagen besser zurechtkommt; da alle in der gleichen Situation stehen, kann er von der Erfahrung der anderen profitieren und fühlt sich ermutigt, neue Verhaltensweisen zu erproben.

– Die Angehörigengruppe ist ein Umschlagplatz für Informationen, die für die jeweilige familiäre Problemsituation besonders wichtig sind.

– Die Anghörigengruppe kann den Interessen von Familien in der Nachbarschaft, der kommunalen oder religiösen Gemeinde Geltung verschaffen.

Möller (1981, 18/19) hebt auf die sozio-emotionale Bedeutung der Gruppe ab: „Menschen ... empfinden ... vor allem die Ermutigung, die Geborgenheit und die Solidarität einer Gemeinschaft als wesentlich. Die von gegenseitigem Vertrauen getragenen vielfältigen Beziehungen in der Gruppe erfüllen und tragen sie.

Das Gefühl, neue Kräfte zu bekommen, beruht schlicht gesagt auf der menschlichen Wirkung der Gruppe (vgl. Lynch 1979). Der fast schon grotesk anmutende Begriff signalisiert vielleicht am deutlichsten den fortschreitenden Beziehungszerfall in unserem Alltagsleben. Denn, erst wenn Bindungen einmal weitgehend geschwunden sind, läßt sich das vielleicht tiefste, ursprünglichste und notwendigste Verlangen des Menschen erkennen: das Beziehungsbedürfnis. In der Gruppe erfüllt es sich, denn wir sind eigentlich Gruppenwesen

... Die kleine überschaubare Gemeinschaft ist unsere natürliche und deswegen optimale Umwelt. Sie entspricht dem humanökologischen Urzustand, d.h. unserer ursprünglichen menschlichen Heimat. Dieser lebensbezogene Milieuvorteil ist gegenüber dem arbeitsbezogenen Teamvorteil die eigentliche Begründung für die Überlegenheit der Gruppe."

Auch die familienorientierte Netzwerkarbeit steht im Dienste der vier Ziele sozialer Familienarbeit: Funktionale Interaktionsmuster einführen, dysfunktionale unterbrechen, Informationen vermitteln und vorübergehend ausfallende Funktionen im System ersetzen.

Nachbarschaftshilfe hat, wie Familienpflege, vor allem das Ziel, Defizite auszugleichen, die nicht nur vorhanden sind, weil es an gewachsenen persönlichen Beziehungen fehlt, sondern auch weil ein Wohnquartier durch soziale Einrichtungen unzureichend versorgt ist. Die Gründung einer Nachbarschaftshilfe im Großraum München gibt ein Beispiel dafür. (Dangl-Kreyenbühl 1985, 68)

Ein engagierter Gemeindebürger hatte in seiner Gemeinde im Großraum München erlebt, daß ein Familienvater aus dem Neubaugebiet seinen ganzen Urlaub plötzlich für die Pflege seiner erkrankten Frau und für die Versorgung der Kinder und des Haushalts benötigte. Im Ort gab es damals seit kurzem keine Gemeindekrankenschwester mehr und nur unbekannte Nachbarn. Dieser engagierte Gemeindebürger regte die Gründung eines Vereins an mit dem Ziel, Kranken-, Alten- und Familienpflege zu leisten. Diese Idee stieß auf Interesse besonders bei Verantwortungsträgern und Neubürgern. Die plötzlich auftauchenden Nöte und Schwierigkeiten des Alltags, die fehlenden sozialen Infrastruktureinrichtungen und die Isolation im Neubaugebiet betraf sie am meisten. Ihre Selbsthilfemöglichkeiten in der neuen Umgebung ohne verwandtschaftliche, freundschaftliche und nachbarliche Beziehungen waren deutlich reduziert.

Selbsthilfe in den kleinen sozialen Netzen kompensiert Ausfälle im System sozialer Sicherung auf kommunaler Ebene (vgl. Abb. 5). Hier an der Nahtstelle zwischen primären und sekundären sozialen Netzen stoßen wir auf eine kritische Seite primärer Netzwerkarbeit. Selbsthilfe kann die Leistungen sozialer Einrichtungen nur begrenzt ersetzen. Eltern, die arbeiten, benötigen Entlastung durch Krabbelstuben, Kindertagesstätten, Horte, die Kernfamilie verfügt nur über begrenzte Arbeits- und Wohnkapazitäten und kann deswegen Angehörige, die aus stationären Einrichtungen entlassen werden, nicht ohne weiteres aufnehmen. Oft wird sie überfordert. Da Selbsthilfe vor allem von Frauen geleistet wird, haben sie die Lasten zu tragen, die vom sekundären in das primäre Netz verschoben werden. (vgl. von Ferber 1984, 387, Backes 1984) Netzwerkarbeit kann für eine Sozialpolitik der Umverteilung von unten nach oben mißbraucht werden: Auf der einen Seite werden staatliche Ausgaben für den sozialen Bereich vermindert. Auf der anderen Seite soll soziale Arbeit die Selbsthilfekräfte der Betroffenen und ehrenamtliches Engagement stärken. In vielen Fällen läuft dies darauf hinaus, sowieso schon Benachteiligte der Gesellschaft dazu zu bringen, über gering oder überhaupt nicht entlohnte Arbeit einen Sonderbeitrag zur Finanzierung des staatlichen sozialen Netzes zu leisten.

Auch in der freiwilligen Laienarbeit kann das Ziel des Helfers, sich selber in einer sinnvollen Tätigkeit zu verwirklichen, in Konflikt geraten mit dem Ziel, anderen in einer Notlage beizustehen. Aufgabe des Familienberaters ist es, in diesem Zielkonflikt für die Helfer einzutreten und sie in der Nachbarschaftshilfe und den Angehörigengruppen vor Selbstausbeutung zu schützen.

Die *Arbeitsweise,* nach der im Lebensfeld Beziehungen geknüpft werden, zeigt sich exemplarisch im Aufbau von Angehörigengruppen. Er verläuft in drei Phasen – in unserem Beispiel handelt es sich um Angehörige psychisch Kranker – (Baumann-Meinhardt, Kind 1987, 58):

„Motivationsphase: Vorphase, in der Angehörige zur Teilnahme an der Gruppe gewonnen werden.

Geleitete Phase: Phase, in der wir Angehörigen ein befristetes Angebot über mindestens zwölf Abende machen.

Phase der Begleitung von (sich selbst regulierende, d. Verf.) Angehörigen-Selbsthilfegruppen: Phase der anfangs stärkeren, später abnehmenden Begleitung . . ."

Die Autoren beschreiben den Übergang von der geleiteten (2. Phase) in die selbstregulierte Gruppe (3. Phase) wie folgt – der Stammtisch ist ein Beispiel für ökosystemische Regelung von Beziehungen, in diesem Fall im Sinne der Selbstorganisation der Gruppe – (a. a. O., 68):

„Stammtischabende sind Gruppenabende, an die ein Restaurantbesuch anschließt. Am achten Abend informieren wir die Teilnehmer, daß die anschließenden Restaurantbesuche Bestandteil der letzten vier Gruppenabende sein werden. Wir begründen unser Vorhaben und laden zu diesen Stammtischen ein.

Ziele für einzelne Teilnehmer und Ziele, die auf Selbsthilfe (in Angehörigen-Selbsthilfegruppen) ausgerichtet sind, gehen hier eine besonders enge Verbindung ein: Indem die Teilnehmer etwas Angeneh-

mes, Entspannendes tun, können sie die Erfahrung machen, wie notwendig es ist, sich Zeit und Raum für eigene Bedürfnisse zu nehmen. Angehörige gewinnen zeitweilig Abstand von ihren Sorgen um das psychisch kranke/behinderte Familienmitglied und werden frei dafür, sich anderen Menschen und Themen zuzuwenden. Interessen, Fähigkeiten und Stärken kommen stärker zum Tragen und führen zu einer zeitweilig veränderten Wahrnehmung von sich selbst und anderen Teilnehmern. Kontakte werden intensiviert; die Gruppe wächst stärker zusammen; es ergeben sich erste Gelegenheiten zu gegenseitiger Hilfe (z. B. Fahrdienst).
Im Hinblick auf die künftige Selbsthilfegruppe stellt der Stammtisch eine Strukturvorgabe dar, mit der Angehörige Erfahrungen machen können, bevor die geleitete Phase zu Ende ist. Beim Stammtisch fungieren wir nicht als Leiter der Gruppe, sondern sind wie die Teilnehmer Gäste des Restaurants. Dies trägt zu einer allmählichen Lösung von uns bei und leitet über in die Phase der Begleitung von Selbsthilfegruppen."
Auch der Aufbau von Gruppen zur Nachbarschaftshilfe wird in diesen Phasen verlaufen. Nachbarschaftshilfe in Eigenregie hat allerdings ihre Grenzen. Bie hoher Fluktuation in einem Wohngebiet reißt das Netz nachbarlicher Beziehungen immer wieder auf. Zusätzlich fehlt das Zusammengehörigkeitsgefühl einer Schicksalgemeinschaft, das sich in Selbsthilfegruppen entwickelt, in denen alle Teilnehmer von den gleichen Leiden betroffen sind. So ist der hauptamtliche Berater gefordert, als Organisator und Ansprechpartner die Kontinuität zu wahren.
Organisierte Nachbarschaftshilfe behält solange den Charakter primär organisierter Hilfe, als sie nicht über das Medium Geld (gesellschaftliche Regelungsstufe) unter den bestimmenden Einfluß formal organisierter Strukturen der Sozialverwaltung gerät. Denn finanzielle Förderungen bringen bürokratische Auflagen mit sich, „die nicht unproblematisch sind, selbst wenn sie erfüllt werden können. Ungewollt rücken organisierte Nachbarschaftshilfen dadurch auch in das Konkurrenzfeld professioneller Dienste". (Dangl-Kreyenbühl 1985, 72) Rational-organisatorische Regelungen – z. B. in Gestalt von Einsatzplänen – und gesellschaftliche Mächte – z. B. über Förderungsrichtlinien – gewinnen die Oberhand über die sozio-emotionale Steuerung. Organisierte Nachbarschaftshilfen verwandeln sich in sekundäre Dienstleistungsbetriebe.
Das Spektrum der Gruppen, in denen der Familienberater mit Familienangehörigen zusammenarbeitet, ist breit gefächert. Es reicht von

Gruppen, in denen er familientherapeutisch arbeitet, über Angehörigengruppen, die er im Sinne sozialer Gruppenarbeit leitet (Vinter 1971), bis hin zu Gruppen, in denen er nur zeitweise als Berater präsent ist. Entsprechend vielfältig sind die Formen der Zusammenarbeit mit Gruppen.

Auf der Linie sozialer Gruppenarbeit liegt folgende Beraterrolle (Sozialdienst katholischer Frauen 1987, 3): Er hat „Informationen weiterzugeben, Fachleute heranzuholen, die Moderation der Gruppe zu leisten (Schutz- und Stützfunktion). Der Profi ist unverzichtbar in einer Angehörigen-Gruppe. Er hat sich jedoch auf seine eigentliche Fachkompetenz zu beschränken (Chance zur Distanzierung). Er ist Experte, aber auch die Angehörigen sind Experten (Gruppen-Potential). Die Aufgabe des Profis ist, Kompetenz den Angehörigen zurückzugeben."

Zwischen Therapie und Beratung bewegt sich die „Moderatorenrolle", die Dörner beschreibt (1987, 90/91): „Einerseits bin ich psychiatrischer Experte, der Sachfragen beantwortet, in konkreten Fragen berät, der sich bemüht, die Gruppe weiterzubringen, der aber auch die eigenen Grenzen und die eigenen Gefühle der Hilflosigkeit und Schwäche zu erkennen gibt. Dadurch wird es den Angehörigen klar, daß im Gefühlsbereich der Expertenwert begrenzt ist und jeder sein eigener Experte zu werden hat. So ist es meine Aufgabe, daß zum Beispiel der Angehörige dahin kommt, daß er selbst bestimmt, ob und wann der Patient wieder zu ihm nach Hause kann – und zwar nicht mit der Begründung ‚Du bist noch so krank, Du mußt noch im Krankenhaus bleiben, werde erst einmal gesund!', sondern vielmehr etwas so: ‚Ich will noch nicht, daß Du nach Hause kommst, Du hast mich zu sehr verletzt, ich bin noch zu kaputt, ich brauche erst noch Zeit für mich allein!' In dem Sinne komme ich mir oft vor wie ein ‚Ersatzspieler', der dafür und nur solange einspringt, wie die Angehörigen oder wie die Familie keinen Vertrauten, keinen Bundesgenossen hat. So denke ich manchmal, ich nehme die Stelle eines Onkels, eines Nachbarn oder eines Freundes der Familie ein – ersatzweise, bis die Familie sich selbst wieder so jemanden schafft. Jüngere Moderatoren können sich vielleicht leichter in die Rolle einer Cousine, eines Neffen einfühlen. Dazwischen liegen die schon erwähnten Rollenbilder des Ringrichters oder Schiedsrichters. Schließlich fühle ich mich über weite Strecken nur als ein Teil der Angehörigengruppe, da ich ja in den meisten Konstellationen auch nur ‚Angehöriger' bin. Da ich selbst unerhört viel nicht nur beruflich, sondern auch für meine persönliche und für meine Familienentwicklung profitiere, bringe ich mich zugleich auch ohne Bedenken mit meinen eigenen persönlichen Erfahrungen ein, mache mich zum Modell, zum Beispielsfall. Beruflich ist die Angehörigengruppe meine Supervision."

Ein Beispiel dazu, wie streckenweise Gruppenbegleitung eingesetzt wird, haben wir schon in den Aufbauphasen von Angehörigen-Selbsthilfegruppen dargestellt. Der Familienberater initiiert die Gruppe und zieht sich in dem Maße, in dem sie erstarkt, auf die Rolle eines bei Gelegenheit unterstützenden Koordinators oder Beraters zurück.

Die vielfältigen Rollen der Familienberater in der sozialen Netzwerkarbeit weisen natürlich ganz unterschiedliche Profile in den *übergreifenden Merkmalen* methodischer Arbeit auf. Ein gemeinsames Merkmal liegt jedoch in der *Reichweite*. Der Familienberater verlegt den Schwerpunkt seiner Tätigkeit in das interaktionelle Lebensfeld von Familien. Seine soziale Rolle wird durch außerfamiliäre Systeme definiert. Im primären sozialen Netzwerk sind dies Gruppenrollen, beispielsweise Gruppentherapeut, Gruppenleiter, Berater von Gruppen, Organisator von Gruppentätigkeiten, Erwachsenenbildner, selbst Angehöriger in einer Angehörigengruppe, Vereinsmitglied. Das Zentrum des Systembildes, an dem wir uns orientieren, verschiebt sich (vgl. Abb. 5). Nicht mehr die Familie steht im Mittelpunkt, sondern die jeweilige Selbsthilfegruppe. In der Perspektive der Gruppenangehörigen sind die Familien Subsysteme im primären Netzwerk des sozialen Gruppenumfeldes.

Wie die übergreifenden Merkmale verschiedener Formen familienorientierter Netzwerkarbeit einzuschätzen sind, müssen wir hier offen lassen. Wie wir es im Hinblick auf die Familie getan haben, müßten wir zunächst einmal das Systembild von Angehörigen- und Nachbarschaftsgruppen zeichnen: Wie gestaltet sich in der Gruppe der Informationsfluß und die Sinnbestimmung auf den fünf Regelungsstufen? Wie sehen die Machtkonstellationen in der Gruppe aus? Wie regelt sie ihre Außenkontakte? Wie fügt sich die Rolle des Beraters in das soziale System der Gruppe auf den verschiedenen Regelungsstufen und in den Außenbeziehungen ein? Wie ist der interaktionelle und durchschnittliche Lebensraum der Gruppe beschaffen?

Parallelen zur Arbeit innerhalb von Familien werden sich ziehen lassen. In therapeutisch arbeitenden Gruppen ist der Ressourcenbedarf hoch, nimmt der Berater die Rolle des Spezialisten ein, fokussiert er auf die sozio-emotionale Dynamik, arbeitet er systemdivergent. In der sozialen Gruppenarbeit entspricht die Rolle des Familienberaters mehr dem Konzept der Familienberatung und variiert zwischen stützender Begleitung, problemzentrierter Arbeit und Intervention bei Gruppenkrisen. Entsprechend unterschiedlich sind die Merkmale der methodischen Arbeit ausgeprägt: Systemkonkordant, mit hoher Ressourcenanforderung an den Berater die stützende Rolle, die problemzentrierte Arbeit systemdivergent, den Berater wie die Gruppe fordernd.

VI Familienorientierte soziale Arbeit

Unser Bild sozialer Familenarbeit wäre unvollständig, wenn wir zum Abschluß nicht einen Blick auf die familienorientierte Sozialarbeit werfen würden. Sie überschreitet die Grenzen einzelner Arbeitsformen, kombiniert soziale Familienhilfe und Familienbildung in einem übergreifenden Konzept sozialer Arbeit. Nur so sind familiäre Lebenslagen in bestimmten Wohngebieten, etwa von Arbeitern oder von Ausländern bewohnten Stadtvierteln, zu beeinflussen.

Integrierte methodische Arbeit kann nur in einer Einrichtung geleistet werden, deren Organisation an das Familiensystem angepaßt ist.

– Sie muß zum *Lebensraum der Familie* gehören, indem sie dort entweder präsent ist, z. B. die Sozialämter durch Dezentralisierung, oder psychiatrische Kliniken durch ambulante Außenstellen, oder aber Familien vorübergehend Wohnraum zur Verfügung stellt, z. B. Mutter-Kind-Kuren, Seminare für die Angehörigen von Straffälligen und Suchtkranken in einer Freizeitstätte, Frauenhäuser. (Elbing u. Pies 1980, Kuipers 1980, Hagemann-White u. a. 1981, Ebbinghaus u. a. 1982)

– Der Ganzheitlichkeit familiärer Lebenszusammenhänge entsprechen Einrichtungen, die *kooperativ organisiert* sind. Im Inneren werden „lineare Machtstrukturen durch Gruppen- bzw. Teamarbeit ersetzt." (Kommunale Gemeinschaftsstelle für Verwaltungsvereinfachung 1975). Es wird also nicht mehr in der Weise gearbeitet, „daß die Mitarbeiter Teile zusmmengehörender Arbeitsvorgänge in Einzelarbeit erledigen und andere Mitarbeiter da fortsetzen, wo diese aufgehört haben, und daß die Arbeit hierarchisch nach dem Prinzip der Über- und Unterordnung koordiniert wird. Vielmehr werden diese linearen und hierarchischen Machtstrukturen durch Gruppen- bzw. Teamarbeit ersetzt". (Kommunale Gemeinschaftsstelle für Verwaltungsvereinfachung 1975, 14)

– An der Kontaktstelle zwischen Einrichtung und Familie ergeben sich aufgrund der kooperativen Organisation einfache Zuständigkeiten. Zumindest findet die Familie einen Ansprechpartner, der ihr in allen Fragen kompetente Auskunft geben kann.

Das Rollensystem, das durch Konzepte sozialer Familienarbeit umrissen wird, beschreibt nicht nur Beziehungen zwischen Beratern und Familienangehörigen, sondern auch Rollen innerhalb sozialer Einrichtungen. Es ist daher günstig, bei familienorientierten Einrichtungen sozialer Arbeit zwei Subsysteme zu unterscheiden. Das *familiengerichtete Subsystem*, allgemein formuliert, das *klientgerichtete*. Es bildet sich in der Zusammenarbeit mit den Familien aus. Wenn wir dieses Subsystem in den Vordergrund rücken, beschreiben wir familienorientierte Sozialarbeit als *Methodenverbund* oder *-integration*.

Das zweite, das *organisationsgerichtete Subsystem*, geht aus den Rollen, die die Beziehungen zwischen den Mitarbeitern einer Einrichtung regeln, hervor. Schließen sich mehrere soziale Organisationen zusammen, etwa als Träger von Sozialstationen oder gemeindenaher Psychiatrie, so besteht dieses Subsystem in einem *Organisationsverbund*. Die praktische Bedeutung dieser Unterscheidung in zwei Subsysteme zeigt sich zum Beispiel darin, daß die Mitarbeiter in einer fachlichen Diskussion zwei Sprachen verstehen und sprechen müssen: die Sprache fachlicher Beziehungsarbeit mit Klienten und die Sprache der Verwaltung.

Die einfachste Form des Organisationsverbundes besteht darin, daß eine externe Koordinationsgruppe vorhanden ist, z. B. indem die Mitarbeiter in einem Stadtteilbüro die Koordination der Familienarbeit in einem sozialen Brennpunkt übernehmen, oder ein Kinderschutzzentrum mit sämtlichen Stellen, die im Falle einer Kindesmißhandlung eingeschaltet werden, zusammenarbeitet. Diese Form des Systemverbundes läßt sich am leichtesten realisieren, weil sie im sekundären Netzwerk des familiären Lebensfeldes systemkonkordant arbeitet. Die innere Organisation der beteiligten Stellen, wie z. B. Kliniken, Sozialbehörden, Erziehungsberatungsstellen, muß nicht verändert werden.

Da im Zusammenhang methodischer Arbeit mit Familien unser Augenmerk auf die Integration verschiedener Arbeitsformen gerichtet ist, illustrieren die beiden folgenden Beispiele vor allem das familiengerichtete Subsystem (Methodenverbund) in der familienorientierten Sozialarbeit.

Die Beratung von Unterschichtfamilien in einer Trabantenstadt wird durch die Organisation eines Familienzentrums ermöglicht (Spengler 1984): Angehörige der Unterschicht nehmen weit weniger als sozial bessergestellte Gruppen das Hilfeangebot von Beratungsstellen an. Sie sind weniger informiert, weniger motiviert und haben aus negativen Erfahrungen mit sozialen Einrichtungen mehr innere Widerstände. Zusätzlich haben sie auch organisatorische Barrieren zu überwinden. Sie finden niemanden, der die Kinder für die Zeit der Beratung betreut, oder die Stelle ist mit öffentlichen Verkehrsmit-

teln von ihrem Wohnviertel aus nur umständlich zu erreichen. Der Zugang zu den Familien ist deswegen nur über die Arbeit in ihrem Lebensfeld zu gewinnen.
Die Kontakte werden über andere soziale Dienste, Schlüsselpersonen und Multiplikatoren aufgebaut. Über diese klinkt sich das Familienzentrum in das soziale Gefüge im Lebensraum der Familien ein. „Einer der häufigsten Zugangswege ist noch immer die Vermittlung durch Lehrer, Sozialarbeiter des allgemeinen Sozialdienstes, Ärzte, Krankenhäuser, Pfarrer und Hausmeister der Wohnanlagen (sekundäres Netzwerk, der Verf.). Diese Personen haben mit den betreffenden Familien meist schon längere Zeit zu tun und weisen die Familie auf unser Zentrum hin, wenn ihre eigenen Hilfsmöglichkeiten erschöpft sind und/oder die Situation sich krisenhaft zuspitzt . . . Diese Schlüsselpersonen werden von uns in berufsgruppenspezifischen Kontaktgesprächen oder über den ‚Arbeitsausschuß für Stadtteilfragen' informiert und mit Faltprospekten versehen. Durch Rückmeldungen nach dem Zustandekommen des vermittelten Kontaktes muß die Motivation zur Zusammenarbeit gepflegt werden, ohne dabei mit der Schweigepflicht in Konflikt zu kommen. Als noch erfolgreicher hat sich die Vermittlung durch Bekannte erwiesen (primäres Netzwerk, d. Verf.). Wir konnten feststellen, daß z. B. für die früheren Bewohner von Notunterkunftsanlagen auch nach dem Umzug ins Neubaugebiet die alten Nachbarn oft die einzigen engeren Bekannten bleiben, selbst wenn sie in den Wohnblöcken jetzt relativ verstreut wohnen.
Eine Reihe ehemaliger Klientenmütter unterhalten in ihren Wohnküchen wahre Nachrichtenbörsen; seit wir bei ihnen in gutem Ruf stehen, nehmen diese Multiplikatorinnen ihre Bekannten, bei denen es gerade ‚brennt' einfach ins Schlepptau und führen sie in unser ‚offenes Büro'. In anderen Fällen nutzen sie die Gelegenheit beim Kaffeeklatsch, gleich ‚Nägel mit Köpfen' zu machen und rufen bei uns an: ‚Neben mir sitzt gerade die Frau X., sie hat argen Kummer mit ihrem Mann, aber sie traut sich nicht zu Euch rüber; ich gebe sie Ihnen mal am Telefon, damit sie in Eure Sprechstunde kommt'." (a. a. O., 137/138)
Diese sozio-emotional regulierte Zusammenarbeit funktioniert deswegen, weil auch die rationale Organisation und die öko-systemische Regelung (das offene Büro) den unmittelbaren spontanen Zugang zur Einrichtung erleichtern.
Ein breites Spektrum an Aktivitäten wird angeboten, in das die Formen sozialer Familienhilfe als ein Angebot eingebettet sind, so daß

für die Familienangehörigen nicht der Eindruck entsteht, in einem „künstlichen" Arrangement als Problempersonen behandelt zu werden. Das Zentrum arbeitet systemkonkordant. „Eine reine Beratungsstelle ist eindeutig als Ort definiert, zu dem man geht, weil man Probleme hat. Ein Zentrum dagegen, in dem neben Einzel- und Gruppenberatung und -therapie so vielfältige Aktivitäten stattfinden, wie: Mutter-Kind-Gruppen, Gitarren-, Flöten-, Foto- und Selbstverteidigungskurse, Bastel- und Kochabende, Kinderkino, ein Männerstammtisch und ein Vormittags-Club für Hausfrauen, kennzeichnet denjenigen, der die tagsüber unverschlossene Tür öffnet und über die Schwelle tritt, vor den Augen etwaiger Beobachter keineswegs als ‚Problemperson'." (a. a. O., 138)
Auch die verschiedenen Formen der Familienberatung werden vom Familienzentrum aus angeboten. Wird etwa durch einen sozialen Dienst oder eine der Schlüsselpersonen eine Familie, die sich in einer Krisensituation befindet, an das Zentrum vermittelt, dann „versucht das Familienzentrum nach entsprechender Vorbereitung durch die überweisenden Personen einen tragfähigen Kontakt zur Familie aufzubauen und die Familie zur Veränderung ihrer Situation zu ermutigen (Problemzentrierte Familienberatung, d. Verf.). Wenn es nötig erscheint, werden Hausbesuche angeboten. Durch stetige ‚nachgehende' Arbeit, auch über Durststrecken hinweg (Beratungsform des unterstützenden Langzeitkontaktes, der Verf.), kombiniert mit Freizeitangeboten (z. B. Einladung zur Nikolausfeier, zum Sommerfest und anderen geselligen Anlässen), gelingt in sehr vielen Fällen der Aufbau einer helfenden Beziehung." (a. a. O., 137)
Der gemeinsame Nenner aller Formen sozialer Familienarbeit, die Ressourcen der Menschen zu aktivieren, gilt auch in der Integration verschiedener Arbeitsweisen: „Die Menschen nicht nur bei ihren Problemen, sondern auch an ihren Fähigkeiten ansprechen. Eine Reihe von Nutzern unseres Zentrums hätten unsere Hilfe nie annehmen können, wenn nicht wir sie irgendwann einmal persönlich um Hilfe gebeten hätten. Dies trifft vor allem auf eine Reihe von Vätern zu, die sich anfangs gegen das Ansinnen ihrer Ehefrauen sträubten, mit in die Beratung zu kommen. Erst unsere Bitte, beim Sommerfest beim Bierausschank zu helfen, bei einer Feier den Nikolaus zu machen oder – und hier bietet sich ein großes Spektrum an Möglichkeiten – über ihre Arbeitsstelle etwas günstig zu beschaffen oder etwas in handwerklicher Arbeit anzufertigen, hat sie mit uns ‚warm' werden lassen." (a. a. O., 138)
Zum Schluß dieses ersten Beispiels familienorientierter sozialer Ar-

beit ein Fall aus der Zentrumsarbeit (a.a.O., 138): „Frau Hauser (Name geändert) war wie sie später erzählte, schon oft an der Tür des Familienzentrums vorbeigegangen und hatte mit dem Gedanken gespielt, mal hineinzuschauen – aber der rechte ‚Aufhänger' hatte ihr gefehlt. Den bot schließlich die Ankündigung eines Nähkurses am Vormittag (‚Wissen's abends kann I net weg, des mag mei Mann net!'). Während des Kurses erfährt sie von den anderen Frauen, daß das Familienzentrum eine Wochenfreizeit plant. Sie seufzt: Schon seit Jahren ist sie nicht mehr aus Neuperlach herausgekommen. Der Mann als Schichtarbeiter ist in der Freizeit immer so erschöpft, daß es nur noch für den Fernseher und ein paar Halbe reicht. Und allein schafft sie es halt auch nicht, zusammen mit den zwei kleinen Kindern etwas zu unternehmen.
Als ihr eine Bekannte vorschwärmt, die Wochenenden ‚mit dem SOS' (Träger des Zentrums: SOS-Kinderdorfverein a.a.O., 137, d. Verf.) seien immer so schön, überlegt sie, wie sie ihren Mann dafür erwärmen könnte; denn gegen ‚was Soziales mit Gemeinschaft und so' hat der Mann seine Vorbehalte.
Schließlich gelingt es ihr, ihn bei seinem Hobby zu locken: er kocht gerne und gut und könnte dies beim Wochenende mitübernehmen. Auch der günstige Preis – bei der Einkommensgruppe der Familie Hauser kostet das Wochenende für die ganze Familie incl. Fahrt nur 100 DM – spielt eine Rolle . . .
Als ich Frau Hauser einige Wochen später (nach der Wochenendfreizeit) beim Einkaufen treffe, ist sie blaß und nervös. Sie erzählt, zuhause gebe es jetzt viel Streit, weil ihr Mann die fünfjährige Marion, ihre voreheliche Tochter, gar so hart anfasse. Ich lade sie ein, zur nächsten offenen Sprechstunde zu kommen und mehr darüber zu erzählen. ‚Und Sie müssen sich ja auch noch die Fotos von der Fahrt anschauen!'
‚Wegen der Fotos' kommt sie dann auch und bei einer Tassen Kaffee zieht sie im Rückblick Vergleiche zwischen ihren Kindern und den anderen auf den Fotos. Erst dann kommt sie auf ihre Sorgen mit Marion zu sprechen, die nachts oft weint und wieder einnäßt.
Daß am Ende auch Herr Hauser für Familiengespräche gewonnen wurde, bei denen es erst um Marion und später um die Eheprobleme der Hausers ging, wäre ohne die früheren Kontakte nicht möglich gewesen.
Bei einem Bier nach der Männergruppe meinte Herr Hauser unlängst zu einem Kollegen: ‚Früher hätten mi koane zehn Roß zu am Psychologen bracht – aber jetzt muaß i sagn: schaden tuat's nix!'"

Die Arbeit der Kinderschutzzentren – unser zweites Beispiel familienorientierter Sozialarbeit – dient Familien in akuten Notsituationen. Wir erinnern uns an Frau Z., die uns eingangs ihre Notlage schilderte. Die folgende Darstellung der Arbeit des Kinderschutzzentrums beantwortet die Frage, wie die verschiedenen Arbeisformen der sozialen Familienarbeit aufeinander abgestimmt werden, um in solchen Fällen zu helfen. Zunächst einmal wird auf die besondere Bedeutung sozio-emotionaler Prozesse abgehoben. „Die konkreten Hilfsangebote des Kinderschutzzentrums für Familien bestehen in sofortiger Telefonberatung durch Fachmitarbeiter (insbesondere wichtig für Eltern, die in akuten Schwierigkeiten mit ihren Kindern sind), telefonischer und persönlicher Krisenintervention, Beratung und Therapie für Einzelne und Familien zur Bearbeitung der akutellen und tiefer zugrundeliegenden familien- und psychodynamischen Prozesse, wobei es notwendig ist, die Methoden der Besonderheit der Klientel anzupassen und sehr flexibel und behutsam auf die Bedürfnisse, Problemwahrnehmungen und Möglichkeiten der Familie einzugehen (systemkonkordantes Arbeiten, der Verf.). Die stark beeinträchtigte Beziehungsfähigkeit der Eltern macht es erforderlich, besonderes Augenmerk auf den Aufbau einer Vertrauensbeziehung zu legen. Der Abbau von Mißtrauen und Ängsten zur Öffnung der Familie ist sowohl Voraussetzung als auch wichtigstes Ziel der Hilfe, denn die Unmöglichkeit von Vertrauensbeziehungen ist wesentliches Problem der Familien überhaupt." (Kinderschutzzentrum München 1985, 23) Weiter wird problemzentrierte psychosoziale Familienberatung in Verbindung mit stützendem Langzeitkontakt beschrieben: „Dazu ist es erforderlich, daß Fachkräfte, die befähigt sind, auf therapeutisch-beraterischer Basis auf die psychologische Situation der Eltern einzugehen, als kontinuierliche Ansprechpartner zur Verfügung zu stehen und unter Berücksichtigung des Prinzips der Freiwilligkeit auch aktiv Kontakt mit Familien zu halten. Wichtige Angebote in diesem Zusammenhang sind Hausbesuche, flankierende Telefonberatung sowie große Flexibilität, was Sitzungsfrequenz, Regelmäßigkeit und Setting anbelangt." (a. a. O., 23) Auf allen Regelungsstufen, z. B. ökosystemisch (Hausbesuche) und rational-organisatorisch (flexible Handhabung mit Settings) wird die Arbeitsweise also dem Lebensstil und den begrenzten Ressourcen der Familie angepaßt, wird möglichst systemkonkordant gearbeitet. „Stark isolierte Familien in besonders belastenden Lebensumständen bekommen als flankierendes Angebot einen vom Kinderschutzzentrum ausgewählten, vorbereiteten und supervisierten Laienhelfer als ‚Freund' zur Seite gestellt." (a. a. O., 23) Die Beratungsarbeit wird somit ergänzt durch eine Form von Familienpflege, die der Helfer in der familiären Rolle des Freundes (vgl. Oswald-Müllensiefen 1986, 108 ff.) anbietet.

Das Konzept der familienorientierten Sozialarbeit wird durch soziale Netzwerkarbeit vervollständigt. „Treffen von Familien- und Elterngruppen stellen eine weitere Möglichkeit zur Überwindung sozialer Isolation dar. Ein weiterer wichtiger Arbeitsbereich ist die Beratung von Fremdmeldern und Personen aus dem Familienumfeld, um eine Hilfe für die betreffende Familie zu ermöglichen und zu erleichtern." (a. a. O., 23)

„Insgesamt reichen die Angebote des Kinderschutzzentrums von kurzfristigen Hilfestellungen bis hin zu langfristiger und intensiver Unterstützung und Behandlung von Familien." (a. a. O. 23)

Der Organisationsverbund wird über die Helferkonferenz hergestellt. An dieser Konferenz sind Vertreter aller Einrichtungen beteiligt, die jeweils mit einem Fall von Kindesmißhandlung befaßt sind. Dieses System ist variabel, da nicht immer dieselben Einrichtungen tätig sind. Eine Besonderheit besteht darin, daß auch die betroffene Familie an der Helferkonferenz teilnimmt. Die Helferkonferenz gehört damit sowohl zum klient- als auch zum organisationsgerichteten Subsystem.

Das Kinderschutzzentrum lädt „zu Beginn der Betreuung und wann immer es die Situation erfordert, die gesamte Familie und alle mit ihr befaßten Stellen zusammen ein, um im gemeinsamen Gespräch Perspektiven für eine umfassende weitere Hilfe zu entwickeln". (Kensy/Brunner 1983, 635) „Sucht eine Familie selber unsere Unterstützung, die auch mit anderen Stellen in Kontakt ist, verabreden wir alsbald mit der Familie ein gemeinsames Treffen aller Beteiligten. Die Familie ist diesem Angebot gegenüber meist aufgeschlossen. Sie sieht die Möglichkeit, ihre Bedürfnisse zu formulieren und die Chance, von der Koordination der Angebote zu profitieren. Hat die Familie Schwierigkeiten mit einzelnen Stellen, sieht die Helferkonferenz als Möglichkeit, die betreffenden Konflikte mit unserer Unterstützung selber besser zu handhaben, insbesondere, wenn es sich um Stellen, wie z. B. das Jugendamt handelt, um die die Familie ja sozusagen nicht ‚drumherumkommt' . . . Es ist notwendig, der Familie gegenüber auf der Teilnahme auch ungeliebter Stellen zu bestehen und zu sagen, daß deren Handeln sowieso Realität ist, wobei eine Helferkonferenz der Familie eine Gelegenheit gibt, Einfluß zu nehmen. Wir können die Familie dabei unterstützen, soweit sie ihre

Ansichten selber formuliert, was sie aktuell auch besser und genauer kann als wir. Da es in der Helferkonferenz um das künftige Schicksal der Familie geht, sind Väter in ihrer Rolle als (und sei 's angemaßtes) ‚Familienoberhaupt' besonders gut zur Mitarbeit zu motivieren." (a. a. O., 637/638)

In den folgenden Anregungen wenden sich die Autoren ihrer Rolle im organisationsgerichteten Subsystem zu (a. a. O., 638): „Sollte ein Kollege Einwände gegen die Teilnahme der Familie haben, ist es notwendig, auf deren Einbeziehung zu bestehen, da eine Helferkonferenz nur bei Mitarbeit der Familie Erfolg hat. Andernfalls besteht die Gefahr, daß sich die Familie hintergangen fühlt oder daß einzelne Stellen untereinander austragen, was auszutragen eigentlich Sache der Familie ist . . . Es ist wichtig, den Kollegen gegenüber von einer fachlichen Position aus klar zu sagen, daß die Einbeziehung der Familie Grundvoraussetzung unserer Tätigkeit ist, und daß es deshalb nicht wir sind, die die Kooperation verweigern, wenn wir auf der Teilnahme bestehen. In diesem Zusammenhang hilft es, eventuelle Befürchtungen des Kollegen – die Teilnahme der Familie betreffend – zu besprechen. Es reicht, dem Helfer zu sagen, daß die Familie seine Auffassungen und Maßnahmen sowieso spüren wird, daß in einer Helferkonferenz aber wenigstens Mißverständnisse seltener auftreten . . . Die konkrete Einladung zur Helferkonferenz übernehmen meistens wir, was einen gewissen Arbeitseinsatz erfordert, da viele Personen erreicht und in ihren zeitlichen Möglichkeiten berücksichtigt werden müssen."

Zu Beginn der Helferkonferenz stellen sich die Teilnehmer vor, mit Namen, Beruf, Stellen, die sie vertreten, Länge und Häufigkeit ihres Kontaktes zu den Familienanghörigen. „Die Runde beginnt hier und später jeweils mit der Familie. In einer weiteren Phase sagt jeder, Helfer wie Familie:

– wo er das Problem sieht bzw. wie er die Lage der Familie einschätzt;
– welches Ziel er ansteuert;
– wie es ihm im Fall/in der Familie und mit den Helfern geht; wie er die Beziehungen empfindet;
– was er selbst anbieten kann;
– wo er glaubt, daß noch etwas anderes getan werden müßte, und wer das nach seiner Ansicht tun könnte;
– auf welche Verabredung er sich einlassen und welche Lösung er mittragen könnte.

Es wird dabei wichtig, nicht nur auf der sachlichen Ebene zu bleiben, sondern auch auf die Gefühle aller Beteiligten einzugehen und eine Offenheit zwischen den Teilnehmern zu fördern." (a. a., 639)

Konzepte familienorientierter Sozialarbeit vereinigen die verschiedenen Arbeitsformen zu einem umfassenden und anpassungsfähigen Hilfesystem. Das Systembild familiärer Lebenslagen liefert uns einen Orientierungsrahmen, um solche Konzepte zu entwickeln und zu diskutieren, aber auch im Einzelfall alle Möglichkeiten methodischer Hilfe auszuschöpfen.

Literatur

Andolfi, M. 1982: Familientherapie. Das systemische Modell und seine Anwendung. Freiburg

Assmann, W., Büchner R. 1985: Familienhelfer in Berlin. Publikation der Fachhochschule für Verwaltung und Rechtspflege, Reihe Staat und Gesellschaft 51, Berlin

Arbeitsgruppe Soziologie 1983: Denkweise und Grundbegriffe der Soziologie. Eine Einführung. Frankfurt a. M.

Backes, G. 1984: Soziale ehrenamtliche Arbeit als Frauenarbeit zwischen Haus- und Erwerbsarbeit. Soziale Arbeit 8–9, 404–416

Bateson, G., Jackson, D., Haley, J. u. a. 1969: Schizophrenie und Familie. Frankfurt a. M.

Baumann-Meinhardt, K., Kind, M. 1987: Angehörigengruppen am sozialpsychiatrischen Dienst. In: Dörner, K., Egetmeyer, A., Koennig, K. (Hrsg.) Freispruch der Familie. Bonn, 152–177

Beck, R. 1985: Familientherapie, Modelle zur Veränderung familialer Beziehungen, Bad Heilbrunn/Obb.

Bellebaum, A. 1984: Soziologische Grundbegriffe. Stuttgart

Bertram, H. 1986: Krise der Familie? Einige familiensoziologische Überlegungen. In: Bayerischer Wohlfahrtsdienst 6, 87–91

Blandow, J., Frauenknecht, B. 1980: Dauerpflege, Adoption und Tagesbetreuung. Trends der sozialen und rechtlichen Entwicklung. Materialien zum fünften Jugendbericht München

Blandow, J., Brand, R., Faltermeier, J. 1985: Zur Verschlechterung der Lebenssituation von Familien und deren Auswirkung auf das Erziehungsklima – Konsequenzen für die soziale Arbeit. In: Nachrichtendienst des deutschen Vereins 11, 353–362

Born, C., Vollmer, Ch. 1983: Familienfreundliche Gestaltung des Arbeitslebens. Schriftenreihe des Bundesministers für Jugend, Familie und Gesundheit, Bd. 135, Stuttgart

Bowlby, J. 1984: Bindung. Eine Analyse der Mutter-Kind-Beziehung. Frankfurt a. M.

Bundesanstalt für Arbeit (Hrsg.) 1982: Familienpfleger/Hauspfleger, Familienpflegerin/Hauspflegerin. Blätter zu Berufskunde 2

Bundesminister für Jugend, Familie und Gesundheit (Hrs.) 1975: Zweiter Familienbericht. Bonn

Bundeszentrale für politische Bildung (Hrsg.) 1985: Die Familie in der Bundesrepublik Deutschland. Informationen zur politischen Bildung 206, Bonn

Bundeszentrale für politische Bildung 1987: Der Sozialstaat, Informationen zur politischen Bildung 215, Bonn

Caritasverband Düren-Jülich e. V. 1983: Pädagogische Familienhilfe, Jahresbericht 1982, Düren

Dangl-Kreyenbühl, Ch. 1985: Organisierte Nachbarschaftshilfe im Großraum München. In: Blätter der Wohlfahrtspflege 3, 1985, 68–72
Decker, K. 1985: Konzeption sozialpädagogischer Familienhilfe des Stadtjugendamtes München. In: Bayerischer Wohlfahrtsdienst 8/9, 121
Deutscher Kinderschutzbund 1983: Jahresberichte 1983, München
Dörner, K. 1987: Handwerksregeln für Angehörigengruppen. In: Dörner, K., Egetmeyer, A., Koennig, K. (Hrsg.): Freispruch der Familie, Bonn, 59–98
Ebbinghaus, A., Kipphan, E. u. a. 1982: Wendepunkte. Frauen erzählen aus ihrem Leben – Alltag in einem Frauenhaus – Die politische Gratwanderung von Frauenhäusern, Hamburg
Ebel, H. 1986: Belastete Beziehungen zum Problem „Ehe und Familie" heute. In: Katholische Bundesarbeitsgemeinschaft für Beratung: Rat in ratloser Zeit, Freiburg, 67–84
Eibl-Eibesfeld, I. 1984: Die Biologie des menschlichen Verhaltens. Grundriß der Humanethologie, München
Elbing, W. u. Pries, E. 1980: Familienarbeit in der Straffälligenhilfe. Grundlagen – Erfahrungen – Probleme. Trier
Emger, R. 1981: Soziologie des Familienhaushalts, Paderborn, München
Engisch, K. 1983: Einführung in das juristische Denken, Stuttgart
Ferber, Ch. v. 1984: Ehrenamt und Selbsthilfe im Wandel ihrer gesellschaftlichen Voraussetzungen. Trennendes und Gemeinsames. Versuch einer Systematisierung. Soziale Arbeit 8–9, 382–389
Galtung, J. 1980: Strukturelle Gewalt. Beiträge zur Friedens- und Konfliktforschung, Reinbeck bei Hamburg
Gastiger, S. 1983: Die Bedeutung des Rechts in der sozialen Arbeit, Freiburg
Gerhardt, U. 1981: Familientherapie – Theoretische Konzeption und praktische Wirklichkeit. Ergebnisse einer Umfrage. In: Praxis der Kinderpsychologie und Kinderpsychiatrie 8, 274–285
Germain, C. B., Gittermann, A. 1983: Praktische Sozialarbeit; das „life Model" der sozialen Arbeit. Stuttgart
Gordon, Th. 1974: Familienkonferenz. Die Lösung von Konflikten zwischen Eltern und Kind, Hamburg
Gross, P. u. Badura, B. 1976: Sozialpolitische Perspektiven. Eine Einführung in die Grundlagen und Probleme sozialer Dienstleistung, München
Hagemann-White C. u. a. 1981: Das Modellprojekt „Frauenhaus Berlin". In: Aus Politik und Zeitgeschichte 45, 39–54
Haley, J. 1978: Gemeinsamer Nenner Interaktion – Strategien der Psychotherapie, München
Haley, J. 1981: Ablösungsprobleme Jugendlicher: Familientherapie – Beispiele – Lösungen, München
Hartley, E. u. R. 1955: Die Grundlagen der Sozialpsychologie, Berlin
Hassenstein, B. 1977: Faktische Elternschaft: Ein neuer Begriff der Familiendynamik und seine Bedeutung. In: Familiendynamik 2, 104–125
Hollis, F. 1971: Soziale Einzelhilfe als psychosoziale Behandlung, Freiburg
Jugendamt der Stadt Kassel, Diakonisches Werk Kirchenkreise Kassel-Stadt,

-Land und Kaufungen 1984: Familienhilfe als eine Form offensiver Jugendhilfe, Arbeitsbericht über Familienhilfe in Kassel (Erster Teil). In: Nachrichten-Dienst d. Dt. Vereins f. öff. u. priv. Fürs. 10, 379–388

Kamphuis, M. 1973: Die persönliche Hilfe in der Sozialarbeit unserer Zeit. Eine Einführung in die Methode der Einzelfallhilfe für Praxis und Ausbildung, Stuttgart

Kensy, B., Brunner, J. 1983: Kinderschutzzentrum München – Die Helferkonferenz als neue Methode betroffenen-orientierter Sozialarbeit. In: Soziale Arbeit, H. 12, 634–641

Kinderschutzzentrum München 1985 Kinderschutzzentrum München – ursachenorientierte Hilfen für Familien bei Gewalt gegen Kinder. In: Bayerischer Wohlfahrtsdienst 2, 22–24

Kommunale Gemeinschaftsstelle für Verwaltungsvereinfachung 1975: Organisation des Jugendamtes: Allgemeiner Sozialdienst, Köln

Krähenbühl, V., Jellonschek, H., Kohaus-Jellonschek, M., Weber, R. 1986: Stieffamilien, Struktur – Entwicklung – Therapie, Freiburg

Krappmann, L. 1971: Neuere Rollenkonzepte als Erklärungsmöglichkeit für Sozialisationsprozesse. In: Lüdtke, H. (Hrsg.): Familienerziehung, Sozialschicht und Schulerfolg, Weinheim

Kreisjugendamt Weilheim-Schongau 1986: Konzeption einer Sozialpädagogischen Familienhilfe beim Kreisjugendamt Weilheim-Schongau. In: Bayerischer Wohlfahrtsdienst 1, 8–10

Kypers, U. (Hrsg.) 1980: Familienbehandlung bei Suchtkranken, Freiburg

Landesfamilienrat Baden-Württemberg (Hrsg.) 1983: Handlungsfeld Familie – 152 Empfehlungen zur Familienpolitik, Karlsruhe

Lederer, W., Jackson, D. 1972: Ehe als Lernprozeß. Wie Partnerschaft gelingt, München

Leutz, G. 1974: Das klassische Psychodrame nach J. L. Moreno, Berlin, Heidelberg

Lukas, E. 1984: Auch dein Leben hat Sinn. Logotherapeutische Wege zur Gesundung, Freiburg

Lynch, J. J. 1979: Das gebrochene Herz, Reinbek

Mandel, A. u. K. H. 1971: Einübung in Partnerschaft durch Kommunikationstherapie und Verhaltenstherapie. In: Mandel, A. u. K., E. Stadter u. D. Zimmer: Einübung in Partnerschaft, München

Meyer, B. 1987: Frauen an die Macht!? Politische Strategien zur Durchsetzung der Gleichberechtigung von Mann und Frau. In: Aus Politik und Zeitgeschichte. Beilage zur Wochenzeitung Das Parlament. Bd. 9–10, S. 15–28

Minuchin, S. 1977: Familie und Familientherapie. Theorie und Praxis struktureller Familientherapie, Freiburg

Minuchin, S., Rosman, B. L., Baker, L. 1981: Psychosomatische Krankheiten in der Familie, Stuttgart

Minuchin, S., Fishman, Ch. 1983: Praxis der strukturellen Familientherapie, Freiburg

Moeller, M. L. 1981: Anders helfen. Sebsthilfegruppen und Fachleute arbeiten zusammen, Stuttgart

Mühlfeld, C. 1982: Ehe und Familie, Opladen
Mueller, E. u. Thomas, A. 1976: Einführung in die Sozialpsychologie, Göttingen
Neutzling, R. 1987: Sozialpädagogische Familienhilfe – mit „SoFa" auf dem Teppich bleiben. In: Sozialmagazin 3, 22–26
Nielsen, H. u. K. 1984: Familienhelfer als Familienanwalt. Deutscher Verein f. öff. u. priv. Fürs., Schriften allgemeinen Inhalts 15
Nielsen, H. u. K., Müller C. W. 1986: Sozialpädagogische Familienhilfe, Probleme, Prozesse und Langzeitwirkungen, Weinheim
Oswald, G. u. Müllensiefen, D. 1986: Psycho-soziale Familienberatung, Freiburg
Paulus, P. 1985: Sozialpädagogische Familienhilfe – ein alternativer Ansatz ambulanter Jugendhilfe. Bericht von einem Modellversuch in Braunschweig. Nachrichtendienst des Deutschen Vereins f. öff. u. priv. Fürs., 11, 348–353
Prätorius, R. 1984: Soziologie der politischen Organisation, Darmstadt
Pressel, I. 1981: Modellprojekt Familienhilfe in Kassel: Bericht der wissenschaftlichen Begleitung, Frankfurt a. M.
Richter, R., Röth, H. 1986: Beratung von unterprivilegierten Familien – Ein Ding der Unmöglichkeit. In: Sozial Extra 5, 34–37
Richter, H.-E. 1969: Eltern, Kind und Neurose, Reinbek b. Hamburg
Richter, H.-E. 1970: Patient Familie. Entstehung, Struktur und Therapie von Konflikten in Ehe Familie, Reinbek b. Hamburg
Rogers, C. R. 1975: Entwicklung und gegenwärtiger Stand meiner Ansichten über zwischenmenschliche Beziehungen. In: Gesellschaft für wissenschaftliche Gesprächspsychotherapie (Hrsg.): Die klientenzentrierte Gesprächspsychotherapie, München
Salomon, A. 1926: Soziale Diagnose, Berlin
Satir, V. 1972/[7]1987: Selbstwert und Kommunikation. Familientherapie für Berater und zur Selbsthilfe, München
Satir, V. 1973: Familienbehandlung. Kommunikation und Beziehung in Theorie, Erleben und Therapie, Freiburg
Schellhorn, W. (Hrsg.) 1986: Familienpflege im städtischen und ländlichen Bereich. Kleinere Schriften des Dt. Vereins f. öff. u. priv. Fürsorge, H. 1
Scott, W. R. 1986: Grundlagen der Organisationstheorie, Frankfurt a. M.
Secord, P. F. u. Backman, C. W. [3]1980: Sozialpsychologie. Ein Lehrbuch für Psychologen, Soziologen, Pädagogen, Frankfurt a. M.
Schäfers, B. 1985: Sozialstruktur und Wandel der Bundesrepublik Deutschland. Ein Studienbuch zu ihrer Soziologie und Sozialgeschichte, Stuttgart
Seiffert, H. 1985: Einführung in die Wissenschaftstheorie, Band 3, München
Selvini-Palazoli, M., Boscolog, L., Cecchin, G., Prata, G. 1977: Paradoxon und Gegenparadoxon. Ein neues Therapiemodell für die Familie mit schizophrener Störung, Stuttgart
Setzen, R. u. K. M. 1978: Familie in der Bundesrepublik Deutschland, Ravensburg
Sprengler, M. 1984: Beratung von Unterschichtfamilien in einer Trabanten-

stadt. Abbau von Zugangsschwellen am Beispiel des Familienzentrums in München-Neuperlach. In: Bayerischer Wohlfahrtsdienst 6, 137 u. 138
Sozialdienst Katholischer Frauen 1987: Arbeit mit Angehörigen. In: Informationen, Impulse zur sozialpsychiatrischen Arbeit 1, 3
Stierlin, H. 1975: Eltern und Kinder. Das Drama von Trennung und Versöhnung im Jugendalter, Frankfurt a. M.
Stierlin, H., Rücker-Emden, I., Wetzel, N., Wirsching, M. 1977: Das erste Familiengespräch. Theorie-Praxis-Beispiele, Stuttgart
Tichy, Ch. 1985: Aus der Praxis der Sozialpädagogischen Familienhilfe; Bericht aus der Arbeit einer Familienhelferin. In: Bayerischer Wohlfahrtsdienst 8/9, 122
Vinter, R. D. 1971: Beiträge zur Praxis der sozialen Gruppenarbeit, Freiburg
Watzlawick, P., Beavin, J., Jackson, D. 1972: Menschliche Kommunikation. Formen, Störungen, Paradoxien. Stuttgart
Watzlawick, P., Weakland, J. H., Fisch, R. 1974: Lösungen. Zur Theorie und Praxis menschlichen Wandels. Stuttgart
Weakland, J. H., Herr, J. J. 1984: Beratung älterer Menschen und ihrer Familien. Stuttgart
Wendt, W. R. 1983: Geschichte der sozialen Arbeit. Stuttgart